사선을 넘어서

사선을 넘어서

지은이 | 김익창
펴낸이 | 원성삼
펴낸곳 | 예영커뮤니케이션
초판 1쇄 발행 | 2010년 10월 15일
초판 3쇄 발행 | 2020년 7월 31일
등록일 | 1992년 3월 1일 제2-1349호
주소 | 04018 서울시 마포구 동교로 55 2층(망원동, 남양빌딩)
전화 | (02)766-8931
팩스 | (02)766-8934
이메일 | jeyoung@chol.com
ISBN 978-89-8350-588-0   (03810)

Copyright © 2010 김익창

본 저작물은 저작권법에 의하여 한국 내에서 보호를 받는 저작물이므로
무단 전재와 무단 복제를 금합니다.

값 16,000원

모든 인간은 하나님의 형상을 닮은 존귀한 존재입니다. 사람은 인종, 민족, 피부색, 문화, 언어에 관계없이 모두 다 존귀합니다. 예영커뮤니케이션은 이러한 정신에 근거해 모든 인간이 존귀한 삶을 사는 데 필요한 지식과 문화를 예수 그리스도의 사랑으로 보급함으로써 우리가 속한 사회에 기여하고자 합니다.

사선을 넘어서

한국전쟁의 상처를 딛고 역경속에서도 인내와 용기를 가지고
열정적인 삶을 살아온
미국 정신과전문의 김익창의 자서전

김익창 지음

예영

책머리에

　　36년간의 일제 강점기에서 해방된 후 조국 대한민국은 38선으로 두 동강이 되고, 이남으로 온 많은 피난민들이 겨우 숨을 돌리고 자리를 잡아갈 때 북한 인민군의 갑작스런 남침으로 다시 비극이 시작되었다. 3년간의 한국전쟁은 지옥과 같았다. 도시는 파괴되고, 많은 사람이 생명을 잃었고, 이산가족과 전쟁고아들이 거리를 헤매게 된 가슴 아픈 비극이었다.
　　한국전쟁에 참전하였던 미군들은 60년이 지난 지금까지도 성탄절이 되면 심하게 추웠던 1950년 12월 전쟁터의 겨울날씨, 또 갑자기 나타난 중공군의 습격으로 포위망을 뚫고 후퇴하였을 때가 생각난다고 한다. 나도 이 글을 쓰면서 60년 전의 악몽들이 다시 아프게 살아나 매일 그 당시로 돌아가서 살고 있다.
　　나의 아버지는 꾸준히 일기를 쓰시고 자신에게 일어난 일에 대해 자세히 기록하는 습관을 가지셨다. 아버지의 일기는 우리 후세들에게 많은 도움이 되었다. 이 책의 후반에 그분의 일기의 일부를 부록에 싣는다. 아버지와 할아버지, 경주 김 씨의 가계보와 외할아버지, 주하룡 목사의 계보도 함께 부록에 싣는다.

　이번에 이 글을 쓰면서 옆에서 격려하고 도와준 가족들에게 감사한다. 특히 로스앤젤레스 캘리포니아 주 주립대학(California State University, Los Angeles)의 사회학교수로 일생을 보내신 유의영 박사에게 감사한다. 유 박사는 많은 연구와 귀한 책들을 출판하여 학계와 커뮤니티에 공헌한 학자이고, 미국에서 한인 젊은이들의 지도자 훈련에 앞장서서 일을 하신 교육자이시다. 유 박사께서 대학을 은퇴하고 연구 자료를 정리하고 있던 중 우리 집에 오래간만에 오셨었다. 내가 자서전을 쓰는 것을 보시고 이 책은 꼭 출판하여 한국전쟁을 경험하지 못한 젊은 세대에게 나누어 주어야 할 귀한 책이 될 것이라고 격려하면서 매일 우리 집에 오셔서 도와주셨다. 유 박사의 격려와 도움으로 이 책이 완성될 수 있었다. 다시 한 번 진심으로 감사 드린다.

　한국전쟁은 아직 끝나지 않았다. 북한과 남한은 긴장감 속에 지금도 대치하고 있으며, 간헐적으로 북한은 남한에 대해 도발과 위협을 멈추지 않고 있다. 한국에서 다시는 동족끼리 싸우고 죽이는 일은 없어야 한다. 하루 속히 한반도의 평화통일이 이루어지기만을 기원한다.

2010년 10월 12일
California, Seal Beach Leisure World에서
김익창(Luke I.C. Kim)

축하의 말

금년 6월 25일은 한국전쟁이 발발한 지 60년이 되는 날이다. 이 전쟁으로 나라가 초토화되었고 수많은 군인과 민간인이 목숨을 잃었다. 그러나 이 전쟁은 아직도 끝나지 않았고 휴전이라는 협정에 의해 잠정적 정지 상태에 있다. 지난 3월 26일에 백령도 인근에서 북한의 어뢰 피격으로 침몰된 천안함 사건처럼 아직도 남북한은 휴전선 양쪽에서 최신의 무기로 서로 총구를 맞대고 있다. 이 전쟁을 경험한 사람들의 나이가 이제 모두 60세가 넘었다. 지금 나라를 이끌고 있는 지도층이나 일반 국민이 대부분 한국전쟁 이후에 태어난 전후세대 사람들이다. 이들은 책을 읽거나 학교에서 배운 것에 의해 한국전쟁을 이해하고 있다. 그래서 많은 사람들이 한국전쟁에 대해 부분적으로 알고 있거나 잘 모르고 있다.

한국전쟁은 북한 공산군이 남한을 전격 침공하여 일어난 전쟁이다. 그러나 전쟁이 일어나게 된 것은 한국 사람들과는 무관한 외부세력에 의해 나라가 둘로 갈라진 데에 근본적인 원인이 있다. 한국을 식민지로 통치하던 일제가 2차 세계대전에서 연합군에게 패하자, 미국과 소련이 한국을 반으로 갈랐다. 결과적으로 북에는 친소 공산정권이 들어섰고, 남에는 친미 민주정권이 들어섰다. 한국전쟁은 국제적 냉전체제의 적대적 대결구조 속에서 불가항력의 외부세력에 의해 갈라서게 된 한민족의 강한 통일의지가 전쟁이라는 파괴적 수단으로 표출된 결과라고도 볼 수 있다. 따라서 한국전쟁을 제대로 이해하기 위해서는 일본의 식민통치, 남북분단, 그 후 전개된 냉전체제에서의 미소 패권대결에 대한 이해가 필요하다. 김익창 교수는 이와 같은 시대에 태어났고 파란만장한 그의 삶은 필연적으로 한국의 근대사를 꿰뚫는 과정과 사건에 의해 방향이 잡혀지고 전개되었다.

이 책은 김익창 교수의 생애사를 통해 한국 사람들이 일본식민통치하에서 어떻게 살았고, 남북분단과 전쟁 속에서 어떻게 생존하였고, 외부세력의 압박과 전쟁의 역경 속에서의 경험이 그들의 가치관과 삶에 어떻게 영향을 주었는가를 이해하고, 배우고, 후세들에게 전달하려는 데에 그 출판의 목적이 있다.

한국의 근현대사를 통해 한국 사람들이 겪은 고난과, 생존을 위한 투쟁과, 역경 가운데서도 민족적 정체성을 유지하고, 가정을 지키고, 인류의 최고 가치인 박애주의를 실천하려는 노력이 이 책에 소개된 김익창 교수의 생애사를 통해 잘 나타나고 있다.

전쟁세대는 그들의 생생한 체험을 후세에 남겨야 할 역사적 책임이 있다. 그러나 이와 같은 증인으로서의 생생한 기록이 제대로 전달이 되지 않은 채 전쟁세대는 하나 둘 사라져 가고 있다. 김익창 교수는 한국전쟁 세대의 마지막 산 증인으로 이 중요한 일을 착수한 것이다.

나는 김익창 교수가 파킨슨병으로 어려운 가운데에서도 이와 같이 중요한 일을 시작한 것을 보고 자원하여 도와드렸다. 김익창 교수는 정신과 의사로, 그리고 의과대학 교수로 학계에 공헌하였고, 특히 다문화정신의학에 관한 연구와 발전에 크게 기여한 것을 나는 일찍부터 알고 있었다. 또한 그는 그의 부인 그레이스와 함께 커뮤니티 액티비스트(community activist)로 어려운 사람들, 억눌린 사람들, 이들을 위한 여러 봉사단체에 직접 참여와 기부를 통해 크게 공헌한 지도자로 내가 늘 존경하는 분이었다.

이 일을 도와드리면서 나는 이분들에 대해 더 많은 것을 알게 되었고 내가 모르고 있던 현대사의 중요한 사건들에 대하여 많이 배우게 되었다. 김 교수님은 이 책에 좀 더 깊고 다양한 내용이 포함되도록 나의 전쟁경험과 다른 사람들의 경험도 포함했으면 좋겠다고 말씀하셨다. 그래서 나의 작은 경험도 실리게 되어 감사하게 생각한다.

김익창 교수의 생애사를 읽으면서 우리는 일본식민통치, 남북분단, 한국전쟁, 흥남철수, 피난생활, 전쟁 후의 복구과정에서 한국 사람들이 겪었던 고통, 애환, 노력과 성취를 함께 느낄 수 있다. 20대 초반으로 전쟁을 겪은 김 교수는 자기의 이야기와 함께, 흥남철수작전 가운데에 있었던 미국군인들의 회고, 부모를 잃고 마음 착한 한국군 천사와 함께 전선을 전전하며 도움을 받은 6살 소녀의 이야기, 먼 피난지에서 동생들을 데리고 영등포의 집으로 왔다 갔다 하면서 숨겨 놓은 어머니의 옷가지를 날라 가족의 생존을 도운 12살 소년의 증언, 그리고 전쟁의 시작부터 최전선에서 대구, 원산, 청진, 삼수갑산, 흥남, 묵호, 대관령을 누비며 대한민국을 지킨 한 병사의 생생하고 눈물겨운 전투일지를 이 책에 실었다. 이 책을 한 번 손에 잡으면 다 읽을 때까지 놓을 수가 없다.

    이 책은 전쟁세대가 다시 한 번 그때의 애환과 감격을 되새겨 보고, 전후세대가 한국전쟁을 체험적으로 느끼고 배울 수 있게 한 유익하고 감동적인 흥미가 넘치는 책이다. 이와 같이 훌륭한 책을 내 놓으신 김익창 박사에게 진심으로 축하와 감사의 말을 전한다.

유의영(Eui-Young Yu)
Professor Emeritus, California State University,
Los Angeles

차례

책머리에　5
축하의 말 - 유의영　7
1. 아! 내 고향 신의주　13
2. 외할아버지 주하룡 목사와 강계독립만세　16
3. 새로운 학문을 찾아서　20
4. 영변 약산의 진달래꽃　25
5. 창씨 개명　30
6. 민족정신의 요람 오산학교　34
7. 못다 핀 꽃 - 신의주반공학생 사건　42
8. 자유를 찾아 남으로　46
9. 동족상잔의 비극, 한국전쟁 일어나다　50
10. 전쟁의 소용돌이 속으로　55
11. 9.28 서울 수복과 첩보활동　64
12. 사상 최대의 구출작전, 흥남철수　68
13. 그들이 겪은 한국전쟁　81
14. 가족과 함께 다시 피난길로　83
15. 부산 피난 시절　86
16. 해군 입대　89
17. 의과대학 복학과 정신과의 만남　91
18. 국제적십자사와 포로교환　99

19. 나의 아내 그레이스(전경자)와의 만남　104
20. 단돈 100달러 들고 도전한 미국 유학　106
21. 커뮤니티 액티비스트, 그레이스　110
22. 인종관계 개선에 앞장선 그레이스　123
23. 정신과 의사와 학자의 길　128
24. 이철수 사건의 진실　133
25. 나의 은퇴와 정신과 석좌교수 설치　137
26. 맺는 말　139

* 저자 김익창의 약력　144
* 김익창의 저작활동　147

부록 Ⅰ
1. 박관옥 여사 이야기　153
2. 모랫말의 평화를 깬 전쟁(유의영 교수가 겪은 한국전쟁)　157
3. 한국전쟁 참전용사 김석춘의 전투일지　179
4. 프랭크 다야크의 이야기　219
5. 러셀 풀턴의 이야기　220

부록 Ⅱ
1. 아버지의 비망록 중에서　225
2. 慶州 金氏 家係譜　249
3. 新安 朱氏 家係譜　252

1. 아! 내 고향 신의주

"나는 백의민족(白衣民族)의 한국 사람이다. 광무 6년(1902) 12월 1일에 평안북도 의주군 가산면 도령동에서 4대 독자로 태어났다. …… 나의 고향은 산골짝이나 뒤에 작은 산이 있어 올라가면 사방이 잘 보였고 뜰 앞에는 시냇물이 흐르고 시냇가에는 큰 과수(띨광나무)가 5,6그루 있었는데 가을과 첫 겨울에는 시냇물에 떨어져 있는 띨광이를 주워 먹던 것이 퍽 인상적이었다."

나의 아버지(김권직, 金權稷)는 일기에 우리 고향 의주에 대해 이렇게 회상하셨다. 함경남도 풍산군과 신흥군 경계에 있는 명당봉(明堂峰, 1809m)에서 발원하여 서쪽을 향해 803km를 굽이굽이 흐르는 압록강은 우리나라에서 가장 긴 강이다. 이 압록강이 황해 바다와 만나는 곳, 중국과 마주보고 있는 평야지대인 그곳에서 나는 1930년에 태어났다. 내가 태어났을 때 의주는 신의주로 이름이 바뀌어 있었다. 1904년 2월에 러일전쟁이 발발하자 일본은 1905년에 한반도 종단철도인 경의선(평양-의주)을 건설하면서 이 도시의 이름을 신의주로 명명했다.

　신의주는 중국 단동과 연결되어 예로부터 중국과 통하는 관문이자 우리 철도가 대륙으로 연결되는 시발점이기도 했다. 1914년 행정구역을 개편했을 때 평안북도 도청소재지를 의주로 정했으나 1921년에 신의주로 옮겼다. 신의주의 북쪽에는 이성계의 회군으로 유명한 위화도가 있고, 서쪽에는 유초도 등 10여 개의 작은 섬들이 있고, 동쪽으로는 의주, 남쪽으로는 용천이 있다.

저자가 유년시절에 친할아버지(김영호)와 찍은 유일한 사진

어린 시절 해마다 모내기를 하고, 가을에 노랗게 물든 평원에서 벼를 수확하던 농부들의 행복에 찬 얼굴들, 동네 아이들과 논에서 우렁이와 개구리와 메뚜기를 잡아 구워 먹던 일들, 여름날 어머니의 품에 안겨 밤하늘에 가득한 별을 바라보며 옛 이야기 듣던 일들, 해마다 홍수 때문에 압록강이 범람하여 논과 밭과 시가지가 물에 잠겼던 일들, 한여름에 압록강에 뛰어들어 수영을 하고, 겨울이면 썰매를 타면서 강 건너 단동으로 건너던 일이 지금도 기억이 생생하다.

나의 친할아버지 김영호(金永浩)와 외할아버지 주하룡(朱夏龍) 목사는 사진으로 본 것 외에는 전혀 기억이 나지 않는다. 한의사로 침도 놓으시고 농사도 지으셨던 친할아버지는 내가 한 살 때에 돌아가셨다. 외할아버지는 서울에 사셨고 나는 신의주에서 태어나 그곳에서 자랐기 때문에 서로 만날 기회가 없었다. 그러던 중에 외할아버지가 돌아가셔서 나는 직접적으로 그분을 뵌 적이 없다.

2. 외할아버지 주하룡 목사와 강계독립만세

외할아버지 주하룡 목사는 1885년 3월 3일에 평안북도 자성에서 태어나셨다. 청소년기에 미국 장로교 선교사를 만나 기독교 복음을 접하여 1910년에 주님을 영접하셨고, 믿음이 독실했던 외할아버지는 하나님의 부르심을 받아 1917년에 평양신학교에 입학하셨다. 이서면교회(吏西面敎會) 전도사로 시무하면서 신학교를 다니던 중 1919년 4월 8일 강계만세운동을 주도하셨다. 1922년 12월 22일에 평양신학교를 졸업(12기)하시고 목

할아버지 주하룡 목사

사안수를 받으신 후 중강진교회에서 10년 동안 시무하셨다. 1934년에는 사전평에 중강진 제2교회를 개척하셨고, 그 후 서울로 가서서 영등포 양평동교회에서 시무하시다가 1942년에 소천하셨다.

외할아버지가 평양신학교 학생 시절인 기미년 3·1운동 당시에 평안북도 강계에서 독립 만세를 앞장서서 외치신 애국자로 활약하셨다는 것을 이 책을 쓰게 되면서 출판된 기사를 통하여 처음으로 알게 되었다. 그래서 이 자리에 최근에 언론을 통해 소개된 외할아버지와 관련된 기사들을 간단히 소개하겠다.

"1919년 4월 8일 평안북도 강계에서 일본 헌병 1개 중대가 무차별 사격으로 시위 군중을 학살했다. 이것이 강계 학살사건이다. 한반도의 북쪽 끝이라고 할 만한 강계에 3·1만세 운동의 물결이 닿은 것은 그 해 4월 평양신학교 학생 주하룡이 서울에서 독립선언서를 반입하면서다. 4월 8일 장날을 맞아 주하룡은 몇몇 젊은이들과 함께 강계 장터에서 선언문을 읽은 뒤 시위를 시작했고 삽시간에 수백 명의 군중이 몰려들어 조선독립만세를 외쳤다. 일본 헌병의 발포로 현장에서 다섯 명이 죽고 30여 명이 체포돼 모진 고문을 받았다.

체포된 사람들 가운데 탁창국(卓昌國)·김명하(金明河) 두 사람은 장독(杖毒)으로 한 달 만에 사망했다. 강계 학살은 3·1운동 당시 일제가 한반도 전역에서 저지른 수많은 학살사건 가운데 규모가 작은 것이었지만, 이 운동이 가장 외진 곳까지 퍼져 나갔음을 일깨워 준다."[1]

---

1) 《한국일보》 "오늘 속으로", 강계학살사건, 江界虐殺事件, 고종석 편집위원. 2002. 4. 4.

1919년 3·1운동 때 평안북도 강계에서 일본군이 시위 군중을 학살한 사건. 강계에서 3·1만세운동은 평양신학교 학생 주하룡이 서울에서 독립선언서를 가지고 강계에 들어옴으로써 시작되었다. 그는 이곳에서 정준(鄭儁), 한봉민(韓奉民), 김경하(金京河) 등과 같이 4월 8일의 장날을 기하여 수천 명의 남녀노소가 모인 강계장터에서 독립만세 시위운동을 전개하였으며, 군청, 면사무소, 헌병대, 파출소를 습격, 방화하는 등 시위운동이 과격해지자, 이웃 군에서도 수백 명이 응원하러 운집하였다.

이때 급보에 접한 일본헌병 1개 중대가 달려와 남녀노소 시위 군중을 향해 무차별 사격을 가해, 정준과 김병찬(金秉贊), 손주송(孫周松), 한부인(韓夫人) 등이 현장에서 피살되고, 30여 명이 체포되어 고문을 받았다. 이 중 탁창국(卓昌國)과 김명하(金明河) 두 사람은 장독(杖毒)으로 달포 만에 사망하였다. 이 학살사건 이후 일본 헌병의 검문검색과 미행이 극심해졌다. 정준의 장례식 날에는 이웃의 주민 수천 명이 운집하여 그의 죽음을 애도하였다.[2]

"…… 며칠 후 평양신학교 학생인 주하룡 전도사가 시국의 형편으로 학교 공부를 중단하게 되었으므로, 강계로 돌아오는 길에 거리에서 독립만세 시위대를 만나 합세하여 만세를

---

2) EnCyber 백과사전, 강계학살사건

부르고, 살포되는 독립 선언서 한 장을 주워서 넣어 가지고 오다가 희천경찰서 앞길에서 일본 경찰관으로부터 몸수색을 당하여, 선언서는 빼앗기고 무수히 구타를 당한 후 강계 집에 돌아온 일이 생겼다. 그 소식을 듣고 주하룡 전도사로 하여금 송 씨에게 있는 그 선언서는 주 전도사가 송 씨에게 전한 것이라고 하기로 하여서 그 책임을 지기로 하고, 선언서를 송 씨로부터 받아다가 그것을 본떠서, 계례지병원 지하실에서 함가륜 선교사의 서기인 김창욱 전도사가 능숙한 솜씨로 등사판 원지에 독립선언서를 썼다."[3]

"주하룡 목사에 대한 재미나는 에피소드 하나를 소개하자면, 주 목사께서는 새문안교회에서 하는 부흥회 기간 동안 한복을 입고 예배를 인도하셨는데 설교 도중에 갑자기 한복 바지가 뚝 떨어지며 벗겨져서 그 상황을 수습하기 위해 '다 같이 기도하십시다.'라고 하시고 성도들이 눈을 감고 기도하는 사이 바지를 올려 허리대를 매셨다고 한다. 한복에는 바지 고리가 없어서 허리대를 올리는 중에 잘못하면 바지가 뚝 떨어진다고 한다."[4]

---

3) 『태산을 넘어 험곡에 가도』, 김경하, 한국장로교출판사, 2002. 2. 1.
4) 서울 영등포구 양평동 4가에 위치한 양평동교회의 홈페이지(www.ypdch.net)에 나와 있는 교회 연혁을 보면, '1907년에 양평동 교회 설립', '1935년에 주하룡 목사 부임'을 알 수 있다.

3. 새로운 학문을 찾아서

미국 선교사들의 역할

19세기 후반의 북한은 미국 선교사들의 전도활동으로 기독교 신자들이 많이 생겼다. 1901년 마포삼열 선교사가 자신의 사택에서 시작한 평양신학교는 이후 장로교공의회로부터 '평양연합신학교'라는 명칭으로 승인을 받았고, 1907년에 길선주, 이기풍, 방기창, 서경조, 송인서, 양전백, 한석진 등 최초로 7명의 장로교 목사를 배출했다. 이처럼 동양의 예루살렘이라 불리는 평양을 중심으로 평안도 지역에서는 교회가 크게 부흥하였다.

나의 친할아버지도 이때에 한 미국 장로교 선교사를 만나게 되시고, 그의 영향으로 기독교 신자가 되셨다. 그리하여 내 손자들까지 합하여 우리 집안은 5세대 장로교 신자 가정이다.

기독교가 이북에 들어오면서 우리 조상들은 자연스럽게 서양 문화, 특히 기술, 과학과의 새로운 접촉이 이루어졌다. 자유 민주

신의주 삼일교회에서 한 부모님의 결혼식(1929. 12. 28.)

사상이 싹트게 되었고, 고등교육에 대한 열정이 강해졌다. 선교사들의 지도하에 성경을 읽기 위해 여자들이 언문(한글)을 배우기 시작하였고, 점점 교육에 대한 관심이 생기게 되었다. 결과적으로 일본으로 유학을 가는 남학생만큼이나 여학생들도 많아졌다.

부모님의 신혼여행 사진, 1928년, 서울.

아버지의 일본 유학

나의 아버지는 네 분의 누님을 둔 외아들로, 가족에 대한 책임감을 느껴 고등교육에 대한 꿈을 갖게 되셨다. 그리하여 아버지께서는 1928년에 결혼하시고 아이가 셋이나 생긴 환경에서도 일본의 유학을 결심하셨다. 아버지는 가족을 한국에 두고 약 1년 반 전에 먼저 동경으로 가셨다. 그는 이어 일본 동경의 물리학교(대학교)에 입학하여 공부하셨다. 그 후 아버지를 따라 온 가족이 동경으로 가서 이께부끄로 지역에서 함께 살게 되었다. 당시 우리 가족은 기독교 계통기관에서 한국 유학생들에게 제공한 기숙사에서 살았다.

내가 다섯 살 때 어머니와 여동생 그리고 남동생과 함께 일본에 가게 되었는데 신의주에서 기차로 부산까지 가고, 관부연락선을 타고 시모노세끼로 가서 다시 기차를 타고 동경까지 갔다. 차를 타고 가면서 어머니는 나에게 "이찌, 니, 산, 시" 등 간단한 일본말을 가르쳐 주신 것이 지금도 생생하다.

동경에 살면서 나는 이께부끄로 유치원에 다녔다. 유치원에서 일본아이들이 나를 보고 "조센징"이라고 놀렸고, 자기네들끼리 전쟁놀이를 하면서 나를 끼워 주지 않았다. 비록 어린 나이였지만 일

동경에서 찍은 가족사진(1935년, 왼쪽으로부터 아버지, 저자, 익란, 익성, 어머니)

본인들이 나를 비롯한 한국인들을 차별하고 있다는 것을 깨닫게 되었다.

어느 날 나는 어머니와 공중목욕탕에 갔었는데 뜨거운 물에 발을 데어 화상을 입어 병원에 입원했었다. 그 상처를 통해 균이 온 몸에 퍼져 열이 나고 몸도 부었었다. 의사의 진단이 패혈증(septicemia)으로 나왔다. 같은 때에 아버지도 공부가 너무 심하고 고학을 하느라고 약해지신 상태에서 폐렴(pneumonia)에 걸리셨다. 그리하여 나는 아버지와 함께 같은 병원에 입원하여 같은 병실에 나란히 누워 치료를 받은 일이 있다. 아직 항생제가 나오지 않았을 때라 아주 위험한 상태였다. 그때 어머니가 우리 침대 옆에서 간절히 기도를 드리시던 모습이 생각난다.

4. 영변 약산의 진달래꽃

"뒤늦게 하는 공부이지만 공부하는 것이 정말 쉽지 않다. 의지만으로는 더 이상 버틸 수가 없다. 이렇게 탈진한 상태로 더 이상 버틸 수는 없다. 다시 고향으로 돌아가야겠다."

가족과 함께 일본에서 유학생활을 하시던 아버지는 병고와 가족부양 때문에 많이 약해지고 지치셨고 생활이 점점 힘들어져 학업을 중단할 수밖에 없었다. 우리 가족은 다함께 한국으로 다시 돌아가게 되었다. 그때가 1937년이었다. 아버지는 일본에서 졸업 1년을 남기고 공부를 끝내지 못하고 돌아오신 것을 일생의 한으로 안고 사셨다.

귀국하여 영변으로

온 가족이 일본에서 돌아와 평안북도 영변에 자리를 잡은 것은 내가 일곱 살 때였다. 영변으로 올 때에 기차에서 내려 약 한 시간 버스를 탔는데 포장이 되지 않은 울퉁불퉁한 길과 길 양쪽으로 늘어서 있는 초가집들이 동경에 비해 너무 초라하고 가난하게 보여 어린 나이에도 심란하고 불안한 마음이었다.

영변으로 귀국한 후 아버지는 도청 토목과 영변 지부에 취직을 하여 일본인 과장 밑에서 일을 하셨다. 어머니는 영변장로교회에서 풍금 반주를 하시고, 아버지는 집사로 교회 일을 많이 하셨다. 크리스마스 때 내가 동방박사 역을 했었는데 대본을 외우고 진지하게 연기를 하던 모습이 지금도 가끔 생각 난다.

국민학교 운동회 때 아이들이 손을 잡고 둥글게 원을 그리며 빙빙 도는 율동이 있었는데 옆에 손을 잡은 여학생이 아주 예뻐 기분이 좋았던 생각도 난다.

언덕 위에 있던 우리 집 앞마당에는 봄마다 진달래꽃이 많이 피어서 너무나 아름다웠다. 어머니는 토종닭을 여러 마리 키우셨는데 종종 맛있는 닭요리를 해 주셔서 온 가족이 옹기종기 모여 앉아 닭고기를 뜯어 먹던 때가 생각난다.

둘째 동생 익성이는 입술에 밥풀을 묻힌 채로 마당에서 놀다가 토종닭에게 쪼여 입술이 찢어졌는데, 일흔 살이 지난 지금까지도 그 상처가 남아 있다.

나 보기가 역겨워

가실 때에는

말없이 고이 보내 드리오리다.

영변에 약산

진달래꽃,

아름 따다 가실 길에 뿌리오리다.

가시는 걸음걸음

놓인 그 꽃을

사뿐히 즈려밟고 가시옵소서.

나 보기가 역겨워

가실 때에는

죽어도 아니 눈물 흘리오리다.

(김소월, "진달래꽃")

    김소월의 대표적인 시 "진달래꽃"을 읽을 때마다 어린 시절에 뛰놀던 영변의 정경이 생각나 가슴이 뭉클해지곤 한다.

    한번은 학교에서 약산에 소풍을 갔었는데, 그때 큰 소나무 둥치에 내 이름 '김익창'을 칼로 깊이 새겨 놓았다. 나는 어려서부터 칼로 나무를 파서 무엇을 만드는 것을 좋아했다. 조금 더 커서는 도장도 잘 파게 되었는데 이것이 6.25 사변 때 인민군 점령 하에서 피난 갈 때 가짜 증명서를 만드는데 큰 도움이 되었다. 지금까지도 영변의 약산(藥山) 소나무에 파 놓은 내 이름이 남아 있을까 하고 가끔 생각을 해 보곤 한다.

    나는 영변에서 국민학교 3학년까지 다녔다. 그때까지 나는 한국이름을 가지고 있었다. 국민학교 교장은 일본사람이었고 대부분의 교사들은 한국사람이었다. 일본인 교사도 몇 명이 있었다. 수업은 주로 일본어로 했다.

산에는 뽕나무가 많아서 누에고치를 이용하여 비단을 만드는 공장들이 영변에 여럿 있었다. 영변중학교에는 김석목 선생님이 계

신의주에서 찍은 가족사진
(1940년, 뒷줄 왼쪽부터 익란, 익창, 아버지, 어머니, 익성과 익풍)

셨는데 그분이 후에 서울사대 윤리학 교수로 실천철학을 많이 강조한 분이다. 그 아름다운 진달래, 그리고 누에들을 먹일 수 있는 많은 뽕나무들, 또 크고 잘 생긴 토종닭이 많았던 나의 어린 시절 평화스러웠던 고향 영변이 지금은 원자 폭탄을 만들어 낼 수 있는 원자로가 있는 곳으로 온 세계의 관심을 모으고 국제적 문젯거리의 대상이 되어 버렸다. 이와 같은 변화에 대하여 참 마음이 아프고 착잡하다.

5. 창씨 개명

영변에 정착한 지 3년 후인 1940년에 아버지가 신의주에 있는 도청으로 전근하셔서 우리 가족은 모두 신의주로 이사했고, 나는 신의주 약죽국민학교(와까다께 쇼각고)로 전학을 했다. 이 학교의 교장은 일본인이었고, 교사도 일본인이 한국사람보다 더 많았다. 학교 교육은 모두 일본말로 진행했다.

이 시기는 일제 강점기에 조선총독부의 민족말살정책이 극에 달할 때였다. 일제는 민족말살정책으로서 신사참배, 황국신민서사 암송, 강제 징병 등을 시행하고 1940년부터 조선의 성명제를 폐지하고 모든 국민이 자발적으로 일본식 창씨 개명을 하도록 강요했다. 창씨 개명에 동참하지 않는 사람들에게는 각급 학교 입학 및 진학 거부, 공사기관에 대한 취업 거부 및 퇴출, 아동들에게 이유없이 구타하여 부모에게 애원하여 창씨 개명에 참여하도록 하는 야비한 방법도 썼다. 시행 6개월만에 조선인의 79.3%가 창씨 개명을 했다. 내 이름도 어쩔 수 없이 '김익창' 앞에 '吉'을 붙여 "吉金益昌"을 일본

말로 발음을 하면 "요시카네마쓰마사"라고 불리는데 그 일본이름을 부모님께서 채택해 주셨다.

그 학교 담임선생 중에는 일본인 여선생과 남선생이 있었다. 여선생은 부드러웠으나 남선생들은 군대식으로 엄하고 딱딱하게 학생들을 다루었다. 한번은 우리 반의 한 학생이 수업 중에 자기 짝과 말을 했다고 학생 모두가 벌을 받았다.

"모두 손바닥을 앞으로 내!"

모든 학생들의 손바닥을 자로 때린 다음에 선생님이 말씀하셨다.

"수업 시간에 학생이 떠드는 것은 선생인 나에게도 책임이 있다. 반장은 내 손바닥을 때려라."

선생님이 손을 내밀자 반장은 주저하며 때리지 못하니까 선생님이 고함을 질렀다.

"빨리 때려."

그러나 반장은 때리는 시늉만 하고 세게 때리지는 못했다. 이 분은 한국인 선생이었다. 개인의 책임을 전체가 공동으로 져야 한다는 당시의 교육철학을 보여 준 것이다.

약죽국민학교에 다닐 때 가까운 친구가 늘 전지가 들어 있는 장난감을 가지고 놀았다. 우리 집에도 가지고 와서 같이 놀았다. 전지가 잘 안 되면 전지뿐만 아니라 장난감을 해체해서 고치곤 하였다. 이 친구 때문에 나는 이때부터 기술, 전기, 전자분야에 관심을 갖게 되었다. 지금 생각해 보면 어린 나이 때부터도 친구들의 영향이 중요하다는 것을 보여 준 것이다.

당시 우리 가족은 한경직(韓景職) 목사님이 시무하시던 신의주

제 2장로교회에 다녔다. 한경직 목사님은 1933년부터 10년간 이 교회에 시무하시고, 1939년에는 보린원을 설립하셔서 고아들을 돌보셨다.

"여러분, 우리 조선의 미래는 우리가 얼마나 예수님을 잘믿고, 하나님 앞에 바로 서는가에 달려 있습니다. 하나님만이 이 민족의 열쇠입니다."

한경직 목사님은 우리 조선의 아픔을 하나님 앞에 구하고, 민족의 고난을 믿음으로 극복해 나갈 것을 설교말씀을 통해 전하면서 용기를 북돋아 주셨다. 아버지는 그 교회의 집사로 계셨다.

한번은 부모님들이 교회 수요예배에 가셨는데 그 사이에 친구들이 우리 집에 와서 놀았다. 여학생도 몇 명 있었다. 그런데 부모님이 예상 밖으로 일찍 교회에서 돌아오셨다. 대문에서 들어오시는 것이 보였다.

"얘들아, 우리 아버지가 오신다. 공부하지 않고 여학생들까지 데려다가 놀고 있는 모습을 보시면 야단치실 거야. 모두 빨리 도망가."

나는 잽싸게 친구들을 뒷문으로 도망가게 한 일이 생각난다.

한경직 목사님은 광복이 된 해인 1945년 12월 2일에 함께 월남한 27명의 성도들과 서울 영락교회의 전신인 베다니전도교회를 세우시고, 일본 천리교 경성분소의 신전을 개조하여 예배당으로 사용하셨다. 1946년 11월 15일 교회의 이름을 당시 지명을 따라 영락교회로 바꾸었다. 우리 가족도 후에 서울로 온 다음에 한경직 목사님을 찾아 영락교회에 나갔다. 당시 영락교회에는 북에서 월남한 사람들이 많이 모여들었다. 그때 영락교회는 교회로서의 일 이외에 많은 피난민들에게 필요한 정보, 일자리 구하는 것 등 여러 가지 도움을 제공하였다.

나의 고향 신의주를 생각하면 마라톤 선수 손기정 씨가 생각난다. 그는 어렸을 때 신의주에서 자랐는데 그곳 둑에서 마라톤 연습을 많이 했다고 한다. 그는 그 후 서울에 있는 양정중학교에 다녔는데 그때 베를린 올림픽에서 우승을 하였다. 이것이 자극이 되어 나도 그 둑에 가서 뛰곤 하던 생각이 난다.

신의주에서는 할머니, 부모님, 나와 여동생, 남동생 둘 모두 일곱 식구가 살았다. 서울에 계시는 외가에서 식모를 구해 보내 식구가 한 사람 더 늘었다. 어머니는 도청에서 약 1년 근무하셨다. 아버지는 평북 도청 토목과에서 기사로 계시면서 여러 지역에 출장을 많이 다니셨다. 가끔 집에 오시면 아이들의 버릇을 바로 잡느라고 엄하게 야단을 치곤 하셨다. 그래서 나에게는 아버지는 멀고, 어렵고, 무서운 존재이셨다. 그런데 후에 어머니가 납치당하신 이후 아버지는 친절하고, 부드럽고, 말없이 일만 하시는 분이라는 것을 알게 되었다.

일제 강점기 때 어머니는 신여성으로 모자를 쓰고 바지를 입고 다니셨다. 그래서 나는 동네 아이들에게 놀림도 당했다. 당시 유명했던 무용가 최승희 씨가 어머니 숙명여고 후배인데 신의주에 와서 공연을 했다. 어머니는 숙명여고 동창생들을 동원하여 환영 파티를 열어 주셨다. 이와 같이 사회활동은 아버지보다 어머니가 많이 하셨다.

6. 민족정신의 요람 오산학교(五山學校)

　　나는 약죽국민학교를 졸업한 후에 아버지의 뜻에 따라 신의주 공업중학교에 입학하려고 시험을 쳤다. 이 학교는 주로 일본학생들이 다니던 학교였다. 그런데 신체검사 때 옆에 있는 친구가 웃기는 이야기를 해서 내가 조금 웃었다. 일본 선생이 내가 웃는 것을 보고 와서 나에게 뭐라고 하더니 낙방을 시켰다. 나에게 이야기를 건 친구도 떨어뜨렸다. 그 당시 일본의 압제 속에서 한국 사람들은 이와 같은 부당한 대우를 받으며 살았다. 그래서 나는 정주에 있는 오산학교(중학교)에 가게 되었다. 결과적으로는 나에게는 더 좋은 계기가 되었다.

　　오산중학교에 감으로써 나는 엔지니어 대신에 의사가 되었고, 민족정신과 사회참여가 무엇보다도 중요하다는 것을 배우게 되었다. 그때 나의 나이가 열두 살 때였다. 처음으로 가족들을 떠나 혼자 생활하며 독립심을 기를 수 있는 기회도 되었다.

　　오산학교는 민족정신이 강한 학교였다. 애국정신이 강한 남강

이승훈(南崗 李昇薰) 선생이 1907년 창설한 학교로서 민족지도자, 문인, 종교계의 지도자를 많이 배출했다. 일제의 압박에도 불구하고 민족정신이 투철한 실력 있는 사람들을 많이 배출한 데에는 애국정신이 투철한 이승훈 선생의 영향이 컸다. 오산학교 졸업생 중에는 시인 김소월(金素月), 사상가 함석헌(咸錫憲), 역사가 이기백(李基白), 종교인 한경직 목사 같은 분들이 있고, 교사 중에는 민족운동가 조만식(趙萬植), 소설가 이광수(李光洙)와 황순원(黃順元), 종교인 김교신(金敎臣), 화가 임용련(任用璉) 선생 등이 있었다.

정주에서는 오산중학교에서 관리하는 하숙집에 묵게 되었는데, 나보다 2년 선배인 학생과 같은 방을 쓰게 되었다. 이 선배는 민족정신이 강하고 나의 장래에도 관심이 많았다. 이 선배가 나에게 오산중학교의 정신과 나의 장래에 대해 많은 이야기를 해 주었다. 그는 나에게 매주 글을 쓰게 했는데 이것이 내가 글 쓰는 법을 배우고 민족정신을 고취할 수 있는 기회가 되었다. 이 선배는 나의 중요한 멘토였다. 후에 이 선배는 동경제대에 입학하였다. 이 선배가 나에게 내 주었던 첫 작문 주제는 "반딧불"이었다. 아직도 잊지 못하는 것은 글을 쓰기 위해 밤에 논바닥에 가서 반딧불을 보며 글을 쓴 일이다.

오산중학교 부근의 과수원집 아들 이기문(李基文)이 내 친구였는데 그 친구와는 일주일에 한 번씩 독서를 한 후에 들에 나와 앉아 독후감을 써서 교환하곤 했다. 이기문은 그 후 서울대학교 국문과 주임교수를 역임했다. 그의 형은 우리나라의 유명한 역사학자 이기백(李基白)이다. 내가 오산중학교에 다닐 때는 일본이 미국과 전쟁을 하는 때였다. 모든 수업을 일본말로 했고, 군사훈련도 심했고, 유도, 검도도 배웠다.

학생들은 한 달에 한 번씩 행진을 해 일본신사에 가서 참배를 해야 했다. 교장선생이 일본사람이었고, 일본군 장교 한 사람(하야시 소위)이 교관이었고, 사관후보생 두 사람이 파견 나와 군사훈련을 시켰다. 미군 상륙에 대비하여 전투훈련도 시켰다. 정신적으로 임전태세를 갖도록 마음의 준비를 시켰다.

모든 교육을 일본식으로 했고 일본인 교장, 교관들을 통하여 일본 위주의 교육을 시켰으나, 강한 민족주의 흐름의 오산학교 전통과 한인 교사들 그리고 선배들을 통해 오산학교 학생들은 민족주의 정신을 유지할 수 있었다.

오산중학교의 일반 교사들 중에는 한국인이 대부분이었다. 이 중에 미국 예일대학에서 미술과를 졸업하고 파리에 가서도 미술활동을 하다 돌아오신 미술 교사 임용련 선생이 계셨다. 당시의 일제 식민통치하에서 한국 사람들은 아무리 훌륭한 교육배경을 가지고 있어도 임 선생과 같이 시골의 작은 중학교에서 가르칠 수밖에 없었다. 임 선생은 오산학교의 학생이었던 이중섭의 비범한 재주를 발굴하여 미술공부를 하도록 물심양면으로 도와 이중섭이 한국미술사에 빛나는 화가가 되는 길을 열어 주신 분이다.

임 선생님은 미술뿐만 아니라 영어 과목도 가르치셨다. 그는 영어로 듣고 대화하는 회화를 학생들에게 많이 가르쳐 주셨다. 그 당시의 영어 교육은 문법에 중점을 두었는데 이 분은 회화에 중점을 두어 내가 영어회화를 익히는 데 큰 도움이 되었다.

강제노동에 동원

내가 오산중학교 2학년을 마칠 무렵 일본 정부는 한국학생들을 긴급 총동원하여 군수공장 등에서 강제노동을 시켰다. 나도 평양(平壤)의 무기군수품 생산 공장에 동원되어 전쟁이 끝날 때까지 1년 동안 강제노동을 했다. 둥글둥글한 철조망이 덮인 높은 담으로 둘러싸인 공장에서 한 번도 밖에 나가지 못하고 1년 동안 꼬박 일만 했다. 우리는 하루 3교대로 일을 했다. 공장은 하루 24시간 가동되었다. 우리들은 정밀철판기술을 배워 철을 깎아 무기와 폭탄을 만드는 일을 하였다. 일본군 소대가 공장의 경비를 맡았는데 일본군의 군기가 상당히 엄하다는 것을 보고 알 수 있었다.

우리들은 창고의 한쪽 마루에서 공동 숙식을 하며 일을 했는데 아침저녁으로 점호가 있었고 규율이 엄했다. 생활은 완전히 군대식이었다. 식사는 작은 밥공기 하나에 콩나물국이 전부였다. 배가 항상 고팠다. 학습은 전혀 없고 일만 하였다.

나의 1년 선배였던 김윤덕 씨는 자기학년 학생들은 모두 압록강 수풍댐 수력발전소, 그곳에서 가까운 질소비료공장, 신의주 비행장 등에 동원되어 돌아가면서 3-4개월씩 광복이 될 때까지 모두 2년에 걸쳐 중노동을 했다고 회고했다.

수력발전소에서는 학생들은 "도록고"라고 흙이나 돌 또는 석탄을 싣고 손으로 밀고 수동으로 조정하는 철로 위의 짐차 일을 하느라고 고생을 했다. 비행장에서는 흙을 파다가 높이 쌓고 그 위에 시멘트를 덮고 그것이 굳은 다음에 흙을 다시 파내서 비행기 격납고를 만드는 중노동을 했다고 한다.

무기공장에서 들은 해방소식

평양의 무기공장에서 일하고 있을 때 갑자기 아침시간에 모두 마당으로 집합하라는 명령이 떨어졌다. 그날이 1945년 8월 15일이었다.

"나는 세계의 대세와 제국의 현상황을 감안하여 비상조치로서 시국을 수습하고자 충량한 신민에게 고한다. 나는 제국정부로 하여금 미·영·중·소 4개국에 그 공동선언을 수락한다는 뜻을 통고하도록 했다."

일본천황의 항복선언문 낭독이 확성기로 나왔다. 처음에는 천황이 하는 말을 잘 알아듣지 못했는데 곧 그것이 항복 선언임을 알고 깜짝 놀랐다. 우리는 일본인의 말만 듣고 일본이 전쟁에서 이기는 줄만 알고 있었기 때문이다.

그때 처음으로 여학생들도 그곳에 와서 일을 하고 있었다는 것을 알았다. 다른 학교 남학생들도 와 있었다. 이 공장에 동원된 학생은 모두 1천여 명이나 되었다. 남학생들은 무기 만드는 일을 했고, 여학생들은 군복 만드는 일을 했다.

일본의 항복 소식을 들은 시민들은 모두 평양 시내로 몰려 나갔다. 우리 학생들도 평양 거리를 일렬종대로 걸어갔다. 평양 시내에 도착하였더니 모든 시민들이 태극기를 들고 나와 "대한독립 만세"를 외치며 우리는 서로 얼싸안고 감격의 눈물을 흘렸다.

다시 오산학교로

해방 직후 우리들은 기차로 평양에서 정주에 있는 오산중학교로 돌아갔다. 오산중학교에 있던 일본인 교관 하야시 중위는 일본이 항복한 사실을 알고, 일본이 진 것을 수치스럽게 생각하고 임신한 자신의 아내를 죽이고, 자신도 자살하였다.

"우리가 이처럼 충성을 다하고 있는데 도대체 왜 항복을 한단 말인가."

그는 천황의 항복 성명을 듣고 심하게 화를 내면서 욕을 한 후 집으로 가서 일을 저질렀다고 한다. 나보다 한 학년 위의 상급생 학생들이 그의 집에 찾아가 그들이 죽은 것과 시체 옆에 떨어져 있는 권총을 발견하였다. 선배들이 주축이 되어 그들의 장례식을 해 주었다. 그때 학교에는 전쟁 말기 미국 비행기 B29가 지나가면서 떨어뜨린 휘발유통을 보관하고 있었다. 그 통에 남아 있던 휘발유를 뿌리고 시체를 태웠다. 화장을 끝냈는데 당시 우리 학년 반장이었던 나에게 그 뼈를 추려 담아 오라고 지시했다. 그래서 내가 뼈를 젓가락으로 주어 모아 조그만 나무상자에 담았다. 뼈를 주워 담았던 그때 내 심정은 나조차도 알 수 없는 복잡 미묘한 감정이었다. 나라가 해방이 된 기쁜 마음과 함께 자살로 생을 마친 일본인 장교와 그 아내가 인간적으로 불쌍한 착잡한 심정이었다. 교관으로 있던 또 한 사람의 일본군 사관은 전에 그 의기양양했던 모습이 사라지고 갑자기 사기가 죽어 콧물까지 흘리는 초라한 모습으로 변했다. 사기가 얼마나 사람의 외모나 행동에 큰 영향을 끼치는 것인가를 절실히 느꼈다.

그 당시 러시아 군대들이 주둔하면서 실질적으로 38선 이북을 통치하고 있었다. 이북의 보안대원들은 옆에서 보조하는 일을 했다. 러시아 군인들은 대개 교육을 받지 못한 무식하고 가난한 사람들이었다. 한국 사람들의 시계, 금품 등을 빼앗아 갔다. 팔목에 빼앗은 시계를 서너 개씩 차고 다니는 군인들도 있었다. 옷도 냄새가 나고 더러웠다. 장교들은 러시아 백인이었고, 사병 중에는 중앙아시아 사람들과 중동사람들도 많이 있었다. 소련군들이 일본인 여자들을 잡아다가 강간한 일이 많았다. 그때 오산학교에서는 일본인들을 강당과 화학교실에 대피시키고 소련군들의 횡포를 피하도록 학생들이 조를 짜서 경비를 서면서 그들을 보호했다.[5] 오산학교는 이와 같이 한 때 탄압자였던 사람들도 박애주의 정신으로 보호해야 한다는 정신을 심어 준 학교였다.

평양 무기군수공장에서 정주로 돌아온 후 나는 밴드부에서 트럼본을 불었다. 그때 밴드부에서 플루트를 분 김몽필이 후에 서울시립교향악단 플루트 제일 주자가 되었다. 한번은 인민군 장군이 오산학교를 방문했는데 그는 오산학교 출신의 최용건이었다. 학생들이 운동장에 모여 그의 연설을 듣고 밴드부의 음악과 함께 사열식을 한 생각이 난다. 그는 일찍이 오산학교 때 조만식 선생이 길러

---

[5] 김윤덕 선배와의 인터뷰, 2010. 2. 21.

낸 사람인데 중국에 가서 연안의 중국공산군과 함께 활동하면서 공산주의자가 되어 광복 직후에 돌아왔다. 그는 학생들의 반공반소 운동을 막기 위하여 오산중학교에 왔었다.

7. 못다 핀 꽃 - 신의주반공학생사건

광복이 된 후 잠시 오산학교에 있다가 나는 부모님과 동생들이 살고 있는 신의주의 동중학교로 전학을 했다. 내가 정주에서 기차를 타고 신의주에 도착했는데, 역전에서 소련 군인에게 가방 검열을 받았다. 그때 내 책가방에 들어 있던 알루미늄 도시락 통을 러시아 군인들에게 빼앗겼다. 어머니는 그 후 그 도시락 통이 아까워 두고 두고 말씀을 하셨다.

또 러시아 군인들은 해바라기 씨를 너무 좋아했다. 그래서 소련군들이 주둔한 부근 길거리에는 해바라기 씨가 많이 떨어져 있었다. 밤에는 술을 마시고 와서 여자를 내놓으라고 위협하고, 강간도 하고, 강도질도 해서 밤이 되면 모두 문을 걸어 잠그고, 아무도 밖으로 나가지 않았다. 러시아 군인들이 우리 집에도 와서 문을 두드리며 '마담'을 불러 우리가 문을 걸어 잠그고, 온 가족이 불안에 떨기도 했다.

우리는 그냥 당하고만 있을 수는 없었다. 그래서 머리를 짜내

조만식 선생과 러시아 군정 간부들

자위책을 마련했다. 러시아 군인을 쫓아내는 방법 중의 하나로 집집마다 깡통에 돌을 넣어 두었다가 흔들면 옆집에서 그 소리를 듣고 같이 깡통을 흔들고, 그 옆집, 또 그 옆집, 모든 마을이 깡통을 흔들어 그 소리로 군인들을 내쫓기도 하였다.

광복이 되면서 그 당시 인민위원장을 하시던 조만식 선생이 도청 토목과에서 일하시던 아버지를 평북 토목국장으로 임명하셨다. 김일성이 공산정권을 장학하기 전 한때 북한의 행정이 조만식 선생의 집권하에 민주적인 나라를 세우는 데 주력했었다. 아버지는 기독교인이고 민족주의자이셨던 조만식 선생을 존경하셨다.

아버지는 직책관계상 회의가 많았고 출장을 많이 다니셨다. 조만식 선생을 만나기 위해 평양에도 자주 가셨다. 우리는 그때 적산 일본 가옥들이 많이 있는 동리로 이사를 했는데 그곳에는 소련군 장교들과 함께 사는 젊은 일본여자들이 많이 있었다. 이 여자들은 그 당시 상황에서 일본인들을 보호하고 그들을 먹여 살리기 위해 희생적으로 소련군의 현지처 노릇을 했다.

이 일본여자들을 생각하면 한국전쟁 때 많은 젊은 한국 여자들이 몸을 팔아 부모와 동생들을 먹여 살리고, 또 후에 미국에 시집을 와서 가족들을 초청하여 이민을 시켰고, 동생들을 공부시킨 희생적으로 산 여성들을 생각하게 된다.

신의주 반공학생사건

광복이 된 후 학교에서는 모든 학습이 공산주의 사상을 고취시키는 내용으로 바뀌기 시작했다. 예를 들면, 역사과목이 한국역사는 가르치지 않고 공산주의 볼셰비키 혁명사 중심의 내용으로 개편되었다. 학생들은 불평하기 시작했고 학교당국에 항의도 했다. 그러나 학교당국은 학생들의 요구를 수용하지 않고 인문계통의 모든 과목의 내용을 공산주의 사상을 고취하는 방향으로 개편해 나갔다. 학생들의 불만은 점점 높아졌다.

이와 함께 1945년 11월 16일 평안북도 용암포 사회민주당의 지방대회에서 공산당의 횡포를 신랄하게 비난하고 소련군은 물러가라는 시위가 있었다. 이에 동조하여 11월 23일에 신의주 6개 중학교 5천여 명의 학생들이 학원의 자유를 외치며 거리로 나왔다. 학생시위가 점차 커지고 격렬해지자 공산당의 보안대와 소련군이 무력진압을 시도하였다. 결과로 학생 23명이 사망하고, 700여 명이 중

경상을 입었으며, 2천여 명의 학생과 시민이 투옥이 되었다.[6][7]

이때 나는 신의주동중 3학년이었다. 나는 우리반 학생들과 함께 신의주 거리로 나가 반공과 학원 자유를 외치며 행진하였다.

고당 조만식 선생

그때 소련 비행기 두 대가 나타나 기관총으로 시위대를 향해 사격을 가하였다. 내 앞에 있던 학생 하나가 총알에 맞아 넘어졌다. 학생들은 공격을 피해 모두 흩어져 숨었다. 나는 숨었다가 집으로 도망해 왔다. 내 친구 집에는 친구의 형 친구들 10명이 도망 와 다다미방 밑에 숨어 있었는데 소련 군인들이 집까지 쫓아와서 학생들과 친구 아버지까지 잡아갔다. 이때에 내가 다니던 정주의 오산학교에서도 학생들이 모두 신의주에 가서 시위에 동참하려고 정거장으로 몰려 갔으나 갑자기 소련 비행기가 떠서 기관총을 쏴 대고 선생님들이 모두 뛰어나와 말리고 해서 못 갔다고 김윤덕 선배는 회고했다. 신의주와 그 주변지역의 모든 중고등학교 학생들이 참여한 반공반소 시위였다.

---

6) "신의주 반공학생사건,"(新義州 反共學生 事件) 위키 백과-우리 모두의 백과사전, Google Search, 2010. 2. 6.
7) 함석헌, "내가 겪은 신의주학생사건," 현대사, 누리 22:18-30, 2009. 1. 20

8. 자유를 찾아 남으로

　　시간이 지나면서 공산당이 세력을 장악하게 되자 기독교인들과 민족민주진영 지도자들을 체포하기 시작했다. 조만식 선생뿐 아니라 민주정권을 세우려는 모든 지도층의 사람들이 김일성의 숙청 대상이 되었다. 하루는 우리 가정을 잘 아는 공산당 관계자가 소식을 전해 주었다.

　　"당신이 조만식 선생을 지지하고 있다는 것을 모두가 알고 있오. 머지 않아 당신에게 죄를 뒤집어 씌워 체포하려 할 것이오. 빨리 피하시오."

　　그래서 아버지는 급히 집을 떠나 먼저 배편으로 남으로 향하셨다. 아버지는 진남포에서 배를 검사하는 보안원에게 잡혀 고생을 하다가 구사일생으로 빠져나와 남한으로 가셨다. 그때 서울에는 서대문 평동에 외삼촌(주대벽 씨)이 살고 계셨는데 아버지는 거기에 가 계시면서 토목 계통의 일을 하기 시작했다. 그러나 그때는 큰 토목공사가 없었고, 수입이 일정치 않아 어려움이 많았었다고 후에 말씀하셨다.

　　아버지가 떠나시고 두어 달 후 1946년 초봄에 나머지 가족도 새벽에 몰래 집을 떠나 남으로 향했다. 동리에서 의심을 받지 않으려고 나, 어머니, 여동생, 두 남동생이 각각 한 명씩 집을 나와 신의주 역으로 향했다. 만주에서 한국으로 돌아오는 귀향민같이 보이기 위해 얼굴에 재를 묻히고, 허술한 옷을 입고, 가방을 하나씩만 메고 나왔다. 식구들이 모두 역에 도착하였다.

그런데 어머니가 남으로 갈 때 쓰려고 한 주일 내내 우리들 양말을 기워서 자루에 넣어 놓았는데 그 양말자루를 깜박 잊어버리고 집에 놓고 온 것을 알게 되었다. 다시 집에 다녀 올 수도 없고 하여 그대로 기차를 탔다. 기차표는 역에 아는 사람을 통해 미리 구해 놓았었다. 기차가 정주를 지나가는데 내가 다니던 오산학교가 보였다. 학교에서 공부하던 때가 주마등처럼 떠올랐다. 다시는 그 학교를 보지 못할 것을 생각하니 서글펐다. 사리원까지는 별로 문제 없이 갔다. 사리원은 남쪽으로 가는 기차 종점이었다. 사리원에 도착해서도 어머니는 두고 온 양말 주머니를 못내 아쉬워하셨다.

"삼팔선이다"

사리원부터는 걸어서 38선을 넘어야 했다. 우리는 안내원 한 사람을 구해 돈을 많이 주어 그 사람 집에 약 한 주일 묵으면서 기회를 기다렸다. 안내원은 보안원과도 내통을 하여 비교적 안전하게 38선을 넘을 수 있는 길과 적당한 때를 알고 있었다.

어느 날 안내원이 오늘 아침 떠난다고 하였다. 짐을 소달구지

짚더미 위에 쌓아 놓고 만주에서 오는 피난민으로 가장하여 신작로를 따라 38선까지 갔다. 국경에는 북쪽 경비대의 경비는 심했으나 남쪽에는 없었다. 초소도 북쪽에만 있고 남쪽에는 없었다. 남으로 가려는 사람들은 많았으나 북으로 가는 사람들은 없었기 때문이다. 북한초소에 도착했는데 경비병 한 사람이 나와 짐짝들을 보고 저 안을 뒤지면 보물이 나올 거라고 말하고 뒤지려고 하였다. 어머니가 우리는 만주에서 돌아오는 귀향민이라고 북한의 경비병에게 말하였다. 어머니가 우리들에게 만주에서 오는 귀향민이라 하라고 미리 철저히 교육을 시켰었다. 그런데 안에서 또 한 명의 경비병이 나오더니 어머니의 말을 듣고 그냥 보내라고 하였다. 안내원이 이 길을 따라 남쪽으로 계속 가면 된다고 말하였다.

이때에 남으로 가는 사람들 중에는 중국 내륙이나 만주에서 남쪽의 고향으로 가는 귀향민이 있었고 북에서 공산주의가 싫어 탈북하여 남으로 가는 월남민이 있었다. 공산당국은 외국에서 남으로 가는 귀향동포에게는 그렇게 심하게 다루지 않았다. 그러나 북한주민의 이탈은 철저히 통제하였다. 이러한 가운데 사람들이 밤에 몰래 38선을 넘다가 체포되기도 하고 총에 맞아 죽기도 하였다. 우리 식구는 집을 떠날 때부터 만주로부터 귀향하는 귀향 동포로 가장을 하고 낮 시간에 소달구지에 이삿짐을 싣고, 행길을 따라 북한보안군 초소를 통해 남쪽으로 갔다. 위험을 무릅쓰고 모험을 한 것이다.

우리들은 짐을 소달구지에서 내려 짊어지고 남으로 향했다. 한 십리쯤 왔는데 남쪽 안내원들이 남으로 오는 월남민들과 중국에서 오는 귀향민들을 돕고 있었다. 안내원들이 우리 식구들과 짐을 트럭에 실어 개성 피난민수용소로 안내해 주었다. 드디어 피난민 수용소에 도착하였다. 수용소에 들어가기 전에 미국 군인들이 우리들 몸에 DDT 살포제를 뿌렸던 기억이 아직도 생생하다.

우리 가족은 정치의 억압과 종교의 핍박에서 벗어나 자유의 땅에 도착한 것을 감사하여 모두 땅에 엎드려 감사기도를 드렸다. 수용소에는 이북에서 온 피난민들이 많이 있었다. 이들에게 큰 마루방 같은 데에 잘 수 있는 곳도 마련해 주고 식사도 제공해 주었다. 남한에 와서 가장 인상 깊었던 것은 미국 군인들이었다. 소련군과는 아주 대조적으로 키가 크고, 깨끗하고, 항상 얼굴이 밝았다. 지나가는 우리들에게 손을 흔들며 친절하고 상냥하게 인사해 주었다. 마음 좋은 군인들이 아이들에게 껌, 사탕, 초콜릿들을 주었다.

우리 가족은 피난민 수용소에 며칠 있다가 기차를 타고 서울까지 왔다. 서울에 도착하여 아버지가 먼저 와 계셨던 외삼촌 댁을 찾아갔다. 서울에 도착하여 보니 넓은 거리와 높고 큰 건물들이 북쪽에서 보던 것과 너무나 달랐다. 그때 내 나이가 15살이었다.

평동에 있을 때 우리 가족은 다다미(일본식 볏짚 돗자리) 6개가 깔린 좁은 한 방에서 음식도 해 먹고, 잠도 자고, 공부도 하며 북적북적 지냈었다. 그 옆방에는 사촌 형(주봉릉 씨)이 살았는데 세브란스 의과대학 학생으로 있다가 북한 인민군의 의무관으로 끌려가서 전투중에 전사했다. 그때 사촌 형과 같은 방에 살았던 사촌 누나 주리는 스페인의 유명한 플라밍고 무용수가 되었다. 사촌 여동생 주애나도 평동 같은 집 아랫층에서 할머니와 같이 살았는데 현재는 우리가 사는 레저월드(Leisure World)에서 살고 있다.

9. 동족상잔의 비극, 한국전쟁 일어나다

한국전쟁 이전의 서울 생활

서울에 도착하여 나는 서울중학교 5학년으로 편입하였다, 영어와 수학시험을 치고 들어갔다. 서울중학교는 본래 일본 학생들이 다니던 경성중학교였는데 광복 후에 서울중학교로 이름을 바꾸었다. 김원규 교장이 책임을 맡았는데 북에서 온 대학교수 출신 등 훌륭한 교사들이 많았고 북에서 온 학생들도 많았다. 김원규 교장은 학생들을 엄하게 공부시켰다. 그때 서울에는 좌익학생들 주도로 시위가 심했으나, 김원규 교장은 학생들을 무섭게 다루어 시위를 못하도록 하였다. 결석을 하면 정학을 시키고 학생들을 학교에 늦게까지 있게 하면서 공부를 시켰다. 그 결과로 제1회 졸업생 중에 90퍼센트 이상이 대학진학에 성공하여 일류학교라는 평판을 얻었다.

그 유명한 김원규 교장에 대한 에피소드는 많으나, 지면상 모두 이야기할 수는 없고 몇 가지만 소개하겠다. 김원규 교장이 한 시간이 넘도록 훈화를 하던 학교 아침조회는 잊을 수가 없다. 김 교장은 훈화를 통하여 우리가 가져야 할 역사적 사명과 책임감을 항상 강조하셨다. "우리는 없어서는 안 될 사람, 꼭 필요한 사람이 되어야 합니다." 이와 같은 고무적인 긴 연설로 조회시간마다 우리들을 격려하셨다.

또 김원규 교장에 대해서 잊을 수 없는 이야기는 김 교장이 영국에 가서 학교들을 시찰하고 돌아오셨는데, 영국에서는 점심을 먹고 약 30분 내지 40분 동안 학생들이 낮잠을 자게 하는데 그 제도가 매우 효과적이라는 것을 듣고 서울 중학교에도 그 방법을 실시하기로 결정하셨다. 그리하여 점심 먹고 교실 내나 또는 언덕에 있는 잔디밭에 누워 30분 동안 낮잠을 강제적으로 자게 했다. 김 교장은 회초리를 가지고 다니면서 학생들이 낮잠을 자고 있는지 점검하셨다. 학생들은 잠이 안 와서, 서로 이야기를 하다가 김원규 교장이 나타나면, 누워서 자는 척하곤 했다. 이런 제도에 습관이 안 되어 얼마 동안 실행을 해 보았지만, 그 후에 폐지되었다. 또 젊은 학생들이 바지 주머니에 손을 넣고 다니는 것이 활기가 없어 보인다고 바지 주머니를 없애라고 하여서 주머니를 꿰매야만 했었다.

나는 서울중학교 시절 특별활동으로 합창단에 참여했다. 서울중학교 합창단은 그때 중학교 합창단 콩쿠르에서 세 번 연속으로 우승을 하였다. 그래서 국빈이 올 때는 행사장에 가서 합창을 하기도 했는데, 당시 유엔 사무총장 메논(Vengalil Menon)이 방한했을 때 환영 파티에 가서 "푸른 다뉴브"를 불러 그로부터 칭찬을 받은 것이 생각난다. 그때 나는 서대문감리교회의 고등부 성가 대원이었다. 성가대 지휘자였던 장수철 씨와 인연을 맺게 되었고, 그의 소개로 박재훈 선생, 이동훈 선생, 그 외에 다른 종교 음악가들과도 만나 가깝게 지냈다.

나는 1949년에 서울중학교를 1회로 졸업하고 서울문리대 의예과에 입학했다. 의예과에 입학한 다음 의대 합창단에 들어가 활동을 했는데 남성테너 등 노래를 잘하는 단원이 많았다. 명동의 시공관에서 이태리 오페라 "카바렐리아 루스티카나"(Cavalleria Rusticana)도 공연했다.

여동생은 어머니의 모교인 숙명여중에 입학했다. 그때 숙명여중에는 문남식 선생이 교장이었는데 우리 어머니와 숙명 동기동창이었다. 그래서 동생은 시험도 치지 않고 무사 통과됐다. 두 남동생은 덕수국민학교에 입학했다. 그때는 우리가 어려서 몰랐는데, 어머니는 우리를 제일 좋은 학교에만 골라서 입학을 시키셨다.

둘째 동생 익성은 1947년에 서울중학교에 입학했고, 1950년에 여동생 익란은 이화여대 미술과에 입학했다. 6.25전쟁이 일어나기 바로 전인 이때가 우리 가족에게는 아주 평화스럽고 행복한 때였다. 막냇동생 익풍은 부산 피난 중인 1952년에 서울중학교에 입학하였다.

한국전쟁 발발

제2차 세계대전이 끝날 무렵 미국, 영국, 중국 등 연합국 대표들이 카이로(Cairo)에 모여 종전 후 한국을 독립국가로 세울 것을 선언하고, 포츠담(Postdam)에서 다시 만나 이를 재확인했다. 그리고 마지막으로 1945년 2월 얄타(Yalta) 회담에서 미국, 소련, 영국의 지도자들이 모여 한국에 주둔하고 있던 일본의 제국 군대를 무장해제시키기 위해 북쪽은 소련이, 남쪽은 미국이 맡아 38선을 경계로 나누자는 비밀 결의를 하였다.[8]

1945년 8월 15일, 일본의 항복으로 36년의 일본제국주의의 식민지 정치가 끝나고 한국이 드디어 해방되었다. 한국 사람들은 진심으로 해방과 함께 독립적인 한 국가를 이룰 수 있다는 미래를 향한 흥분을 감추지 못하고 있었다. 그러나 당시 초강대국이었던 소련과 미국에 의해 38선이라는 선 하나로 한국은 분단국가가 되었다. 결국 미군이 남한에 주둔하게 되었고, 북한에는 소련군이 주둔하게 되었다. 38선 양쪽에서 일본군은 무장해제 되었고, 일본 식민당국은 일본으로 돌아가게 되었으나, 38선은 그대로 남아 있는 상태에서 남쪽에는 자유민주주의를 표방하는 대한민국이 수립되었고, 북쪽에는 공산주의 정권이 수립되었다.

남북 양정권은 통일을 원했으나, 서로 상대방을 인정하지 않고 각기 자기식 정치체제로의 통일을 원했다. 북한의 김일성은 중국과 소련의 원조를 받아 남한을 무력으로 침입하여 통일하자는 계획을 갖고 있었다. 남한에서도 북진통일을 외치는 소리가 있었으나 미국은 애치슨(Dean Gooderham Acheson) 국무장관의 의회 증

---

[8] Ki-baik Lee(Translated by Edward W. Wagner with Edward J. Shultz), A New History of Korea, Seoul: Ilchokak Publishers, 1984.

언을 통해 한국은 아시아의 미국 안보라인 밖에 있다고 선언함으로써 한국을 포기할 수 있다는 인상을 주었다. 이에 따라 김일성, 중국, 소련은 인민군이 남침을 하여도 미국이 개입하지 않을 것이라고 오판을 하였다. 중공은 팔로군을 비롯하여 중공군과 함께 싸운 조선족 군인들을 인민군 2개 사단으로 만들어 38선에 배치하였다. 소련은 비행기, 탱크, 대포 등 장비로 인민군을 무장시켰다. 중공과 소련의 지원을 받은 김일성은 전쟁준비를 완료하고 1950년 6월 25일 새벽에 전 인민군대에게 남한으로의 총공격을 명하였다. 이것이 한국전쟁의 시작이었다.

주말이라 장병들이 많이 휴가를 갔고, 대규모 남침에 대한 준비가 전혀 되지 않은 상태에서 남한의 국군은 기관총, 박격포, 소총으로 대항하였으나 탱크와 전투기에 대해 상대가 되지 않았다. 북한의 야크 전폭기가 편대를 만들어 남한을 공격할 때 남한공군은 연습용 경비행기 몇 대만 보유하고 있었을 뿐이었다. 북한인민군은 3일 만에 서울을 점령하고 남쪽으로 계속 진격하여 2개월 만에 부산 부근의 일부지역을 제외한 남한 전체를 점령하였다. 인민군이 파죽지세로 내려 미는 상황에서 극히 일부만 부산으로 피난을 했으나 대부분의 남한 주민은 인민군 점령지역에서 3개월 동안 비참한 생활을 했다. 점령지역의 남한 청년들은 일부 숨어 지낸 사람들 이외에는 대부분 인민군대로 끌려갔고, 지도층 인사들은 체포당해 북한으로 끌려갔거나 반동이라는 이름으로 처형당했다.

10. 전쟁의 소용돌이 속으로

한국전쟁이 난 일요일 아침 나는 친구들과 함께 선교사의 집에서 모이는 성경공부를 끝내고 집으로 돌아가고 있었다. 갑자기 비행기 두 대가 낮게 떠서 지나가는데 기관총 소리가 들렸다. 이상하다고 생각을 했는데 집에 가니까 전쟁이 났다고 했다.

그때 아버지는 강원도에 출장 중이셨다. 집에는 나와 할머니, 어머니, 여동생, 그리고 두 남동생이 있었다. 공중에서는 비행기가 왔다 갔다 하고, 비행기에서 기관총을 쏘는 소리가 났다.

우리는 무서워 부엌바닥에 가마니를 깔고 이불을 갖다 놓고 엎드렸다. 어머니는 전쟁이 멈추게 해 달라고 기도를 드렸다.

"익창아, 네가 내 곁에 있어서 마음이 든든하다."

어머니가 내 손을 꼭 잡고 말씀하셨다. 그때 우리는 남대문 근처의 봉래동에 살고 있었다. 전쟁이 난 후 사흘 동안 우리들은 부엌바닥에 깔아 놓은 가마니 위에 이불을 깔고 함께 잤다. 부엌바닥이 마당보다 조금 낮아 안전하게 생각되어 방공호 삼아 그곳에서 지냈다.

사흘이 지났는데 조금 조용해졌다. 어머니가 나갔다 오시더니 말씀하셨다.

"벌써 빨갱이들이 들어왔다. 도시 중심에 있는 우리 집은 위험하다. 아현동에 있는 동생 친구의 집으로 가자."

아현동에 있는 친구집으로 가는 도중에 서대문 형무소에 있던 죄수들이 떼를 지어 나와 길을 건너고 있는 것이 보였다. 그때 우리 곁을 지나가는 순경을 불러 어머니가 말씀하셨다.

"이봐요, 순경 선생님. 저기 죄수들이 나와 도망가고 있어요."

그 순경은 아직 인민군이 들어온 것도 몰랐는지 죄수들이 가는 쪽으로 뛰어갔다. 우리가 갔던 아현동 집에는 시골에서 온 그 집의 식모가 있었는데 인민군이 들어온 다음에 그의 남편이 왔다. 그는 빨치산 간부같이 보였다. 눈이 반짝반짝하게 돌아가는 것이 보통이 아니었다. 그 사람은 전화통화를 할 때마다 암호로만 말했는데 그럴 때마다 섬뜩했다. 그 집에서 식모에게 그동안 대우를 잘해주어 그 사람은 우리들을 해치지 않고 잘 대해 주었다. 7월 중순까지 약 보름 동안 그 집과 봉래동 집을 왔다 갔다 하며 지냈다.

그때 나는 갑자기 고열이 나서 몹시 앓기 시작했다. 어머니가 밤에 의사를 하나 구해 데려왔는데 그가 와서 어머니 피를 나에게 수혈했다. 며칠 동안 계속 아프고 숨이 막히는 것 같아 동생들이 돌아가며 내 가슴을 쓰다듬어 주었다. 꼭 죽는 줄 알았다. 이웃에 유명한 한약방이 있었는데 누이동생이 그곳에 가서 약을 지어왔다. 한약을 먹고 나서 병이 나았다. 그때 한약의 효력을 경험하고

남침 사흘 만에 서울시청을 지나 남대문으로 진격하는 인민군 탱크

그 후 한약을 중요하게 생각하게 되었다.

납치당하신 어머니

서울이 북한에 함락되었을 당시, 북한군들은 북한에서 도망쳐 나온 일명 반역자들을 색출하여 북한군으로 징집하거나 심한 반역자들은 죽여 버렸었다. 특히 군인으로 차출하기 위해 젊은 청년들을 잡아들이는데 혈안이 되어 있었다. 당시 갓 스무살이 된 젊고, 혈기 왕성했던 나도 예외는 아니었다.

봉래동에 있던 우리 집은 일식가옥이라 일본인들이 신사예식을 하던 조그만 단이 있었다. 우리가 그곳으로 이사 온 후 이 단을 마루방으로 개조하여 쓰고 있었는데 그 단 밑에는 사람 한 명이 들어갈 수 있는 공간이 있었다. 나는 그곳에서 숨어 지냈다. 내가 숨어 있던 공간 위에 나무판자를 덮고 그 위에 장롱을 얹어 놓았다. 낮에는 장롱을 옮기고 뚜껑을 반쯤 열어 놓고 있다가 인기척이 나면 동생들이 얼른 와서 뚜껑을 닫고 다시 장롱을 위에 얹어 놓았다. 그 구멍에서 나와야 할 때는 내 동생을 불러야만 했다. 이로 인해 집에 와서 나를 찾던 보안대원들에게 들키지 않았다.

인민군 점령하에 있던 1950년 여름 어머니는 혼자 우리 온 가족을 돌보느라 많은 고생을 하셨다. 8월이 저무는 어느 날 젊은이 둘이 지프차를 타고 우리 집에 와서 어머니를 찾았다. 그때 어머니는 집에 안 계셨다. 그 사람이 내 동생에게 말했다.

"내가 아버지 소식을 알고 있단다. 내일 다시 와서 어머니에게 직접 알려 줄 테니까 어머니에게 꼭 집에서 기다려 달라고 전해 주렴."

저녁에 돌아오신 어머니에게 그 말을 전했다. 어머니는 그들의 말을 믿고 다음날 혹시 정말 좋은 소식이 있지 않을까 하여 집에서 기다리셨다. 다음날 아침 10시에 그 사람들이 다시 왔다.

"어서 오셔요."

어머니가 반갑게 그들을 맞이하셨다.

"네, 반갑습니다. 따로 조용히 이야기해 드리겠습니다. 밖으로 잠깐 나갑시다."

숨어 있던 나는 걱정이 되어 동생들에게 부탁했다.

"얼른 어머니를 따라가 봐라."

동생들이 약 100미터 거리의 골목길을 따라 행길로 나가니까 어머니는 벌써 보이지 않았다. 동생들이 그곳에 있던 동네 아이들에게 물었다.

"너희들 우리 어머니 보지 못했니?"

"조금 전에 그 사람들이 너희 어머니를 차에 태우고 떠났다."

그것이 우리가 어머니를 본 마지막이다. 그날은 1950년 8월 28일이었다. 그 후 백방으로 어머니의 소식을 알아보려고 애를 썼으나 지금까지도 어머니가 그들에게 살해당하셨는지, 북으로 끌려가셨는지, 알 수가 없다. 포로교환 때 내가 국제적십자 요원으로 판문점에서 근무한 일이 있었는데 그때 적십자사의 통로를 통하여 어머니 소식을 알아보았으나 소용이 없었다.

어머니가 왜 납치를 당하셨을까? 이즈음 서울을 점령했던 공산당국은 그동안 파악해 놓았던 남한의 지도자, 교수, 자본가, 지식인 등 인사들을 강제 연행하여 구속하기 시작했다. 그 후 그들이 급하게 서울을 포기하게 되자 공산당국은 그동안 구속해 놓았던 인사들을 일부 처형하기도 하고, 많은 사람들을 북으로 강제 연행하였다. 이들을 끌고 가다가 급하게 도망해야 할 처지가 되자 연행하던 인사들을 많이 즉결처분하고 갔다. 사람들이 의정부 부근에 이들을 처형한 장소가 있고 많은 시체들이 방치되어 있다고 하였다. 대한민국 정부에서 1952년에 파악해 놓은 8만 3천 명가량의 납북 인사 명단이 2002년 국립중앙도서관에서 발견되었다고 한다.[9]

하루는 교양 있게 보이는 동네 아주머니 한 사람이 우리 집에

---

9) "국회통일외교통상위원회 간담회 질의응답내용," 2002년 3월 8일, 김성호 의원 의정 노트, Google Search, 2.17.2010.

와서 어머니와 한참 이야기를 하고 갔다. 그 후 그는 가끔 우리 집에 와서 어머니와 이야기를 나누곤 했다. 차차 그 사람과 가깝게 느낀 어머니는 집안이야기 등 여러 가지 말씀을 하셨다. 처음에는 몰랐는데 후에 그 사람이 함흥에서 훈련을 받고 파견된 남대문지역 여성동맹 위원장이라는 것을 알았다. 그러나 혼자 아이들을 먹여 살리고 보호해야 하는 어머니는 그 사람을 계속 친절하게 대할 수밖에 없었다.

한번은 거리에서 유엔(UN)에 보낼 "미군 물러가라"는 연판장을 돌려 백만 시민의 서명을 받는 운동을 여맹 주도로 벌린 일이 있다. 그때 어머니가 여맹위원장에게 이런 서명을 아무리 많이 받아도 미군이 물러가겠느냐며 이 운동을 비하하는 말을 하였다. 내 동생이 걱정하며 그 사람에게 그런 말을 해도 되느냐며 어머니에게 말을 한 적이 있다.

또 그때 여맹원들이 가끔 우리 집에 갑자기 들이닥쳤다. 늘 3명씩 조를 짜서 함께 왔다. 와서는 방, 마루, 부엌, 변소 등 모든 곳의 면적을 자로 재었다. 장롱, 다락같은 곳도 문을 활짝 열어젖히며 치수를 쟀다. 치수를 쟀다고 하면서 집안에 젊은 사람을 숨겨 놓았는지 조사하는 것 같았다. 마루방 밑 작은 공간에 숨어 있던 나는 조마조마하였다.

지금 생각해 보면 우리 집에 자주 드나들던 여맹위원장이 어머니의 소재를 당국에 알렸던 것 같다. 소재를 파악하고 있던 당국은 UN군 인천상륙 전 이광수 씨를 비롯한 서울의 남측 인사들을 피랍할 때, 대한부인회 등 여러 단체의 간부로 활약하셨던 어머니를 함께 강제 연행하여 납치해 간 것으로 생각된다.

그때 우리들은 당시 청년이었던 나만 위험했고, 공산당국이 어머니와 어린 동생들에게는 해를 끼치지 않을 것으로 생각했었다. 나의 어머니가 그들의 납북대상이 될 것이라고는 꿈에도 생각지 못했었다. 아무것도 할 수 없었던 그때 내 처지와 나의 어머니를 생각하면, 60년이 지난 지금도 가슴이 메어지고 눈시울이 붉어진다. 생사확인이 불가한 지금 막연히 인민군에 끌려가 사살당하셨다고 생각이 될 뿐이다.

서울을 떠나 부여로

어머니가 납치되신 후 우리는 살 길이 막막했다. 남자들은 군대에 끌려 갈까 봐 모두 숨어 있거나 도망을 가서, 여자들이 끌려가 일을 해야 했다. 주로 폭격으로 길이 망가진 것을 삽으로 메우는 일 등이었다. 어머니도 가끔 밤에 할 수 없이 끌려 나가곤 하셨다. 내 여동생도 나이가 그때 끌려 갈 만한 나이여서 밖으로 나갈 수가 없었다. 어린 남동생 둘이 밖에 나갔다 돌아와서 주변 소식을 전해 주곤 하였다.

인민군 점령하의 3개월 서울에서의 생활은 참으로 어려웠다. 어머니 혼자 여섯 식구의 생활을 꾸려 나가야 했다. 처음 3주일은 여동생 친구의 아현동 집에 많은 신세를 졌다. 봉래동 집으로 다시 온 7월 중순 이후는 더욱 어렵게 살았다. 어머니가 집에 있던 값나

가는 옷이나 물건을 갖고 나가서 곡식과 바꾸어 오기도 하면서 겨우 연명을 했다. 길거리에서는 확성기로 인민군에 자원하여 우리 조국의 품에 안기면 먹을 것을 주겠다고 떠들어 댔다. 그래서 숨어 있던 사람들 중에는 굶다 못해 밖에 나왔다가 잡혀 인민의용군에 끌려 간 사람이 많았다.

어머니가 납치된 후 우리는 살 길이 막연했다. 앞날이 캄캄했다. 마루방 아래 숨어 있던 나는 밖으로 나와 서울대학병원에서 일하고 있던 친구를 찾아갔다. 거기서 어떤 사람을 시골에 보내면서 위임장을 만들어 주는 것을 보았다. 내용은 이 사람이 병원계통에서 일하는 사람인데 전선으로 가니 편의를 제공하라는 일종의 위임장이었다. 나는 여기서 하나의 아이디어(계략)가 떠올랐다. 위임장을 위조하면 친척이 있는 부여로 갈 수 있을 것 같았다.

나는 어려서부터 도장을 잘 팠는데 도장만 위조하면 휴가증을 만들 수 있을 것 같았다. 바로 집으로 가서 도장을 파 휴가증을 만들었다. 그럴 듯하게 아버지 인감도장도 찍고, '조선인민공화국 군의관'이라고 쓰고, 옛날 사진도 하나 붙였다. 내용은 서울대학병원에서 본 것과 비슷하게 했다. 또 무명 천을 이불에서 뜯어서 완장을 만들었다. 붉은 십자가(Red Cross)를 그려 넣은 완장을 팔에 차고, 가짜 휴가증을 들고 가방에는 집에 있는 모든 의료 기구나 약(아스피린, 소화제, 솜, 핀셋, 청진기, 혈압기 등)을 다 집어 넣었다. 그리고 비상 식량으로 쌀도 조금 넣었다. 나(당시 20살)는 두 남동생(익성 15살, 익풍 11살)을 데리고 부여로 떠났다.

우리는 7일 밤낮을 걸어 부여에 도착했다. 가는 도중에 너무

덥고 배가 고팠다. 하루는 위험을 무릅쓰고 어떤 지방 공산당(인민위원회) 본부로 찾아갔다. 가짜 휴가증을 보여 주며 내 자신을 소개하고 쉴 곳과 음식을 청했다. 그들은 우리들에게 방과 음식을 제공해 주었다. 또 한 번을 그런 식으로 넘겼다. 그러나 이러한 모험이 결국 들키지 않을까 하는 두려움 때문에 더 이상 그러지 못하고 길거리에서 그대로 잤다.

부여에 도착했는데 운동화 밑창이 다 닳아 구멍이 나 있었다. 부여에 있던 친척도 딸이 여덟이나 되는 피난민 신세라 아주 어려웠다. 우리는 부근의 빈 초가집 하나를 찾아 가마니를 깔고 지냈다. 얼마 동안 우리는 친척집에서 얻어먹기도 하고 다른 사람의 집에서 얻어먹기도 하면서 지냈다. 옆집에 "절간할머니"라고 부르는 분이 계셨는데 우리에게 무척 잘 해 주시고, 자주 데려다 식사도 제공해 주셨다.

11. 9.28 서울 수복과 첩보활동

　그러다가 서울이 수복되었다는 소식을 들었다. 친척 아저씨가 서울에 가서 소식을 알아보고 오겠다며 자전거로 다녀오셨다. 그분이 돌아와서 어머니는 아직 돌아오지 않으셨고, 아버지가 돌아와 계신다는 소식을 전해 주었다. 나는 동생 둘을 남겨 두고 먼저 서울로 향하는 트럭을 얻어 타고 집으로 갔다. 동생 둘은 그곳에 있던 친척식구와 함께 며칠 후 대전역까지 걸어가서 화물차 지붕 위에 몸을 싣고 서울로 돌아왔다.

　친척 중에 육군대위가 있었는데 좋은 자리가 있다고 하여 까다로운 영어 시험을 이틀이나 쳐서 합격하였다. 백 명 이상의 지원자 중 20명을 뽑았다. 처음에는 정보계통의 임무라는 것을 알았지만 확실히 무슨 일을 하는 것인지 잘 몰랐다. 후에 알고 보니 아주 어렵고 위험한 첩보활동과 관련된 임무인데 미군과 긴밀히 협조하며 수행하는 일이었다. 계급도 없는 민간인 첩보요원이었다.

　남산에서 훈련과 브리핑을 받은 후 대기하라고 했다. 이삼 일

인천에 상륙하는 미해병들

후에 출두하라는 통지를 받고 갔더니 소령 한 사람과 중위 한 사람이 기다리고 있었다. 나 이외에 네 사람의 민간인 첩보요원이 이 장교 두 사람과 한 조가 되어 떠났다. 우리들은 김포 군용비행장으로 향했다. 미군 수송기를 타고 함흥비행장에 도착했다. 그곳에서 집을 하나 얻어 열흘간 함께 있었다. 소령 인솔자는 오토바이를 타고 어디엔가 바쁘게 다녔다. 상부의 명령을 기다리는 것 같았다.

내가 함흥에 도착한 것은 통역첩보요원으로 들어간 지 꼭 일주일 만이었다. 그러나 우리가 함흥에 도착하자 곧 유엔군은 중공군에 밀려 후퇴를 시작했다. 여섯 명으로 구성된 우리 첩보 팀은 함흥에서 명령을 기다리다가 철수하는 미군을 따라 흥남으로 가라는 지시를 받고 흥남까지 갔으나 그곳에서 해체되면서 각자 알아서 집으로 가라는 명령을 받았다.

이때는 장진호 부근에서 미 해병 1사단 병력 1만 3천 5백 명과 미 육군 7사단 4천 5백 명 병력이 4배나 되는 중공군과 인민군

개마고원대에서 후퇴하는 미군들

병력에 포위당하여 결사항전으로 포위망을 뚫고 남하하고 있던 때였다. 엄동설한의 개마고원 혹한에서 중과부적의 중공군 병력과 싸우며 포위망을 뚫는 가운데 수많은 미군이 전사했고 부상을 당했다. 후퇴할 길은 양쪽의 가파른 산기슭 아래에 얼음으로 꽝꽝 얼어붙은 좁은 길뿐이었다. 중공군은 길 양쪽 산기슭에 이미 포진하고 있다가 후퇴하는 미군에게 공격을 가하였다. 후퇴하던 대부분의 군사들이 죽거나 심하게 부상을 입었다. 그 중 4천 명 정도의 부상병들은 임시 공항을 통해 피신시켰으나 나머지 군인들은 44마일 죽음의 길을 밤낮으로 걸어 후퇴해야 했다. 그중에는 한 번도 겨울의 추위나 눈을 경험해 보지 못한 군인들도 많았다. 얼어 죽은 병사도 있고 대부분이 동상에 걸렸다. 부상당한 사람들은 눈 위에 썰매를 끌듯이 질질 끌고 가야 했다.

장진호에서 후퇴하는 미군들

　60년이 지난 지금도 장진호 전투에서 싸웠던 미국 해병대원들은 80대의 노령임에도 불구하고 그때의 그 비참함을 잊지 못해 매달 만나 서로를 위로하고, 그때의 아픔을 나누며 살아가고 있다. 그때의 아픈 역사 속에서 살아남은 미국 해병대 군인들이 모여 만든 모임이 "Men of Chosin"(장진호의 남자들)이다. 이들은 스스로를 "Chosin Few"(장진호의 소수)라고도 부른다. 그때 그들이 필사적으로 빠져나온 계곡의 44마일 눈길을 이들은 "Death Road" (죽음의 길)이라 부른다. 이것은 내가 새크라멘토에 있을 때(2004년) 이들의 모임에 가서 직접 들은 이야기다.

12. 사상 최대의 구출작전, 흥남철수

　　1950년 가을 맥아더 장군은 자신의 인천상륙작전의 성공으로 북쪽으로 더 진출해 한국전쟁을 끝낼 수 있을 것이라고 생각했었다. 하지만 11월 28일 소위 지원군이라 불리는 중공군의 참전을 전혀 예상하지 못했던 유엔군은 다시 남쪽으로 급하게 후퇴해야만 했다. 맥아더 장군은 후퇴하는 연합군 10만 명, 18,000대의 탱크와 차량, 그리고 35만 톤의 보급물자를 철수시키기 위해 즉각 흥남해안으로 200여 척의 해군군함과 운송 화물선을 배치하라고 명령하였다. 군인과 장비, 군수물자의 철수와 함께 10만여 명의 북한 피난민도 함께 철수시켰는데 이것이 일명 '흥남철수'라 불리는 전쟁역사상 가장 큰 해상철수작전이었다.

　　중공군이 전쟁에 개입하기 전까지만 해도 미군과 유엔군은 북쪽 끝까지 다 점령하여 통일을 이룰 수 있을 것이라고 생각했다. 그래서 1만 7천 5백 대의 군사차량과 탱크, 그리고 35만 톤이 넘는 군사보급물자를 청진에 운송해 저장하고 있었다. 그러나 유엔군이

북한 피난민들이 흥남부두로 가는 장면

후퇴하게 되면서 모든 군수물자를 다시 챙겨 와야 했다. 그곳에 그 모든 물자를 두고 오게 되면 중공군과 북한군, 즉 적에게 무기를 다 주는 일이 되어 버리기 때문이다.

미 10군단장 알몬드(Liutenant General Edward M. Almond) 장군은 10만 5천 명의 연합군 병사들과 무기, 그리고 모든 군수물자를 철수시켜야 할 임무를 맡고 있었다.[10]

당시 유엔군의 인천상륙작전 성공에 힘입어 압록강까지 진출한 국군과 유엔군을 열렬히 환영하고 또 공산주의 정부의 지배 아래 억눌려 힘들고 고단한 시절을 보냈던 이북 동포들이 죽음으로 내몰리게 되었다.

---
10) "흥남철수작전," 위키 백과, Google Search, 2010.2.7

흥남부두에서 승선을 기다리고 있는 피난민들 (1950. 12).

이들은 목숨을 구하기 위해 후퇴하는 UN군을 따라 남을 향해 내려갔다. 이렇게 하여 흥남부두 연안에 집결한 북한동포 피난민의 수가 10만 명 가까이 되었다. UN군 철수작전의 지휘관 알몬드 장군은 처음에는 북한 피난민들의 철수를 생각하지 못했다. 그의 임무는 우선 UN군과 국군을 성공적으로 철수시키는 일이었다. 그런데 이승만 대통령은 한국군 1군단장에게 집결한 피난민 10만 명을 버리지 말고 데려 오라고 강력히 지시하였다. 당시 함경도 지역의 한국군 작전을 책임지고 있던 1군단 사령관 김백일 장군은 피난민을 함께 철수시킬 것을 알몬드 장군에게 강력히 요구하였다.[11] 때마침 알몬드 장군의 민사부 고문으로 있던 현봉학 박사의 강력한

---
11) 6.25 전쟁 60년, "적유령 산맥의 중공군(26) 38선 북방방어거점을 확보하라," 《중알일보》, 2010.2.2.

작은 선박을 타고 가서 미군 운송함으로 갈아타는 피난민들

탄원도 있었다.

 이러한 상황에서 군인들의 철수임무를 맡았던 미군 사령부는 얼어붙는 추위를 무릅쓰고 허리까지 차는 흥남해안의 바닷물 안으로 들어와 태워 주기를 간원하는 북한의 피난민을 그대로 두고 떠날 수가 없었다. 드디어 피난민들을 모두 태우라는 알몬드 장군의 명령이 떨어졌다. 미군과 국군 그리고 군장비 수송의 임무를 띄고 이들의 승선작전을 수행하던 100여 척의 미 수송선들은 피난민을 태우기 시작했다.

 그리하여 미군 역사상 가장 큰 인류애 작전(humanitarian operation)이 시작된 것이다. 수십 대의 상륙용 소형 함정들이 흥남부두로부터 연안에 정박하고 있던 미군 수송선과 해군 구축함에

LST에 질서있게 타고 있는 피난민들

피난민을 실어 날랐다. 먼저 배 바닥 창고에 빈자리를 채우고, 군수물자 위에 송판을 깔아 피난민으로 채우고, 배의 갑판 위까지 콩나물시루같이 채우고, 배에 실린 트럭과 탱크 위에도 태우고, 일부 군수품을 바다에 버리고 자리를 만들어 또 태웠다. 흥남부두 연안에서 대기하고 있던 10만 명 가까운 피난민들을 모두 태웠다.

그리고 마지막으로 철수작전을 맡았던 미 해군사령부는 휘하의 폭파 부대(UDT)가 흥남부두를 폭파한 후 그곳을 떠났다. 군인들과 피난민을 실은 미군 수송선들은 남으로 항해하여 크리스마스 전후 거제도 포로수용소 옆에 임시로 마련된 피난민 수용소에 철수민들을 안전하게 옮겼다. 이리하여 미군의 흥남 피난민 후송 작전은 성공적으로 완료되었다. 전쟁 중에 군인들이 해상으로 철수하면서 10만 명 가까운 많은 피난민을 싣고 함께 떠난 것은 세계전쟁역사(military history)에서 처음 있는 일로 기네스 북(Guinness Book)에 오르기도 하였다.

피난민의 철수를 돕기로 작정하기까지는 미군 지휘부와 한국군 지휘부, 그리고 미군사령부에서 근무하던 현봉학 박사와 같은 한국인 고문들 사이에 상당한 실랑이가 있었다. 미군 지휘부의 눈에는 흥남부두에서 애타게 기다리고 있는 피난민들이 적지의 민간인(enemy alien)이었다. 이들이 공산당의 통치를 반대하여 남한으로 가기를 원하는 것을 이해하긴 하였으나 미군지휘부의 주 임무는 UN군과 국군을 안전하게 철수시키는 일이었다.

그러나 한국정부, 한국군 지휘부, 그리고 한국인 고문들에게는 부두에서 대기하고 있는 피난민들이 같은 동족이었다. 그 사람들이 북쪽에 있었던 것은 그들의 의사와는 아무 관계가 없는 일이었다. 전적으로 미국과 소련의 냉전체제 대결에 의해 나라가 반 토막이 난 결과였다. 그들이 피난을 가지 못하면 죽거나 큰 피해를 당할 것은 뻔한 일이었다. 철수작전의 총사령관 알몬드 장군의 민사부 고문이었던 현봉학 박사는 흥남부두를 가득 메운 피난민들에 대해 알몬드 장군에게 이렇게 말하였다.

"저기 있는 사람들 중에는 나의 가족과, 친척과 친구들이 있습니다. 그들은 우리의 적이 아닙니다. 우리의 부모요, 형제요, 친구들입니다. 그들을 두고 떠날 수는 없습니다."

현봉학 박사는 미국 토마스 제퍼슨 의과대학에서 병리학 교수로 재직하다가 2007년 11월 25일 미국 뉴저지 주에서 노환으로

별세했다.[12]

홍남 피난민 철수가 성공적으로 이루어진 것은 이승만 대통령의 결의, 한국군 지휘부의 강력한 탄원, 현봉학 박사와 같은 분의 뜨거운 동포애와 기지, 그리고 미군지휘부의 인류애적 결단과 용기가 합해서 이루어진 역사적인 작전이었다.

한국전에 참가한 미국 군함과 선박들은 부록의 유의영 교수의 이야기에서 나타난 바와 같이 1.4후퇴 시 부산으로 피난민이 계속 몰려 더 이상 수용을 못하게 되자, 한국정부의 요청으로 일부 피난민을 부산에서 제주도로 실어 나르는 작전도 수행하였다.[13]

1951년 4월 당시 제주도에는 15만 명의 피난민이 있었는데 이는 제주도 인구의 절반이 넘는 숫자였다.[14] 이들 제주도 피난민 중에는 원산에서 한국군함을 타고 온 사람도 있었고 인천에서 미 해군 LST 수송선을 타고 온 사람도 있었다.[15] 1950년 12월 말에는 미 공군 수송기 16대가 서울시립아동보육원 소속 고아 1,000명 이상의 고아를 딘 헤스(Dean Hass) 대령의 지휘하에 제주도로 실어 날은 일도 있다.[16] 헤스 대령의 이야기는 1956년에 "전송가"(Battle Hymn)라는 제목으로 영화배

---

12) "'한국판 쉰들러' 현봉학: 홍남대철수작전의 숨은 주역," 「신동아」, 2010. 2.
13) "이상철 목사 회고록: 열린 세계를 가진 나그네,"《한국일보》, 2007. 3. 12.
14) 김종배, "삼무정신 사라지게 한 피난정신," 제주의 소리(www.jejusori.net) 2004.2.8.
15)《제민일보》(jemin.com), 2008. 3. 12.
16)《조선일보()Chosun.com), 2008.4.30.

우 록 허드슨 (Rock Hudson)과 도산 안창호 선생의 아들이자 영화배우인 필립 안(Philip Ahn)이 출연하여 영화화되었다. 이와 같이 미국 군함, 수송선, 공군수송기들은 한국전쟁 때 흥남피난민 철수작전 이외에도 다양한 민간인 수송 작전을 수행하였다.

내가 겪은 흥남철수

그때는 흥남 피난민들에게 말로 표현할 수도 없이 너무나 무섭고 춥고 배고팠던 시련의 시간이었다. 그 당시에 가슴이 아리고 저린 경험을 겪어보지 않은 사람은 정말 상상도 못할 것이다. 죽음의 막바지에서 그 두려움과 절망을 기적의 시간으로 바꾸어 주신 것은 아무리 생각해 봐도 하나님의 특별한 은혜로 밖에는 설명이 되지 않는다.

나는 흥남철수 때에 그 현장에 있던 주인공 중 한 사람이다. 나도 많은 피난민들과 함께 미국 수송선(Merchant Marine Transport Ship)에 올랐다.(내가 탄 배의 이름은 정확히 기억하지 못한다. 하지만, 기적의 배라 불리며 유명해진 SS 메리디스 빅토리 호는 아니다.) 흥남부두에서 군인들과 피난민들 사이에 끼어 철수를 기다리고 있었다.

내가 특수첩보팀의 민간요원이라는 "G2"라고 찍힌 빨간 글자 위에 적혀진 증명서를 소지하고 있었기 때문에, 승선이 어렵지 않을 것이라고 기대하며 기다리고 있었다. 마침 미군 장교 한 사람이 지

묵호항에 내리는 병사들

나갔다. 그에게 영어로 말을 걸었다. 몇 마디 대화를 나눈 후 그는 나에게 제안을 했다.

"수송선 선장이 통역이 필요한데 한번 해 보겠소?"

"네, 물론입니다."

그는 나를 상륙용 보트에 태워 해안에 정박해 있는 큰 배로 갔다. 이렇게 해서 나는 쉽게 배에 탈 수 있었다.

배에는 벌써 군인들과 피난민, 그리고 군 장비가 가득 차 있었다. 몇천 명이 넘는 피난민들이 이 배의 갑판 위까지 가득 실려 있었다. 배에 실어진 탱크와 자동차 위, 그 사이, 갑판의 모든 공간을 가득 메워 차고 넘치는 사람들은 마치 시루에 꽉 찬 콩나물 같았다. 비좁아서 마음대로 움직일 수도 없었고, 바다의 매서운 바람 때문에 서로를 꽉 부둥켜안고 지탱할 수밖에 없었다. 사람들은 그렇게 서로의 바람막이가 되어 주며 죽음의 길에서 빠져 나올 수 있었다. 무서워 우는 아이들도 많았다. 하지만 이어 우리가 죽음의 길로부터 구제되고 있다는 사실을 깨닫고 아이들을 달래며 서로에게 힘이 되어 주려 했다. 나는 나와 같은 배에 탄 사람들과 선장을 이어 주는 역할을 했다. 나는 선장실의 한쪽에서 이틀 밤을 잤다. 피난민들은 선장의 주의사항을 협조적으로 잘 따라 주어 안전하게 거제도까지 갈 수 있었다.

나는 배가 부산에 도착하기 전에 한국 군인들과 함께 묵호항에서 먼저 내렸다. 군인들과 함께 수송선에서 밧줄로 만든 사다리를 타고 내려가 상륙용 보트로 옮겨 타고 모래사장에 도착했는데 그곳이 묵호항이었다. 묵호항에 우리가 내렸을 때, 어떤 한국군 장성이 한국군 대위에게 심하게 욕을 하며 기압을 주던 모습이 선명하다. 대위가 무엇을 크게 잘못한 것 같았다. 그곳에서 나는 군인들과 함께 스리쿼터를 타고 밤새도록 덜컹덜컹 높은 대관령의 산길을 지나 서울로 돌아갔다. 서울로 돌아가서 다시 가족들과 상봉하였다. 가족들은 그때까지 피난을 가지 못하고 나를 기다리고 있었다. 그때가 1950년 12월 23일이었다.

기적의 배: SS 메리디스 빅토리 호

흥남에서 거제도까지 9만 8천 명이라는 피난민을 옮긴 배는 대략 100척이었다. 흥남철수 작전에 참여했던 200여 수송선 중

메레디스 빅토리 호의 갑판에 가득 태운 피난민들

100척가량이 주로 피난민을 수송하였다. 그 중 유난히 SS 메리디스 빅토리호(SS Meredith Victory)가 유명해진 것은 이 배 한 척에 1만 4천 명의 피난민이 탔고, 세월이 지난 후 이 배의 선장 라루의 행적이 미국 언론을 통해 널리 알려졌기 때문이다.

라루는 임무를 마치고 미국으로 돌아가 그때의 그 기적의 현장에 있었던 감동으로 영적 변화를 받아 천주교의 수도사로 변신하였고, 일평생을 뉴저지의 한 수도원에서 거의 밖에 나가지 않고 수도생활을 했다. 그는 그 엄청난 일을 하고서도 이에 대하여 별로 말을 하지 않았다. 그러나 그의 행적은 한 사람, 두 사람의 입을 통하여 차차 세상에 알려지게 되었다. 이 이야기를 들은 작가 빌 길버트(Bill Gilbert)는 라루 선장을 수도원으로 찾아가 인터뷰를 하였다. 그 이야기를 책으로 냈는데 그 책의 이름이 『기적의 배』(Ship of Miracles)이다.[17] 빌 길버트는 한국전쟁 때 미 공군으로 참전하고 후에《워싱턴 포스트》(Washington Post)의 기자로 활약했던 사람이다.

정상적으로는 1,400명밖에 실을 수 없는 배에 피난민 1만 4천 명을 싣고 철수작전을 수행하였다. 배의 모든 공간에 피난민을 가득 태우고 배를 항해하여 거제도에까지 무사히 데려다 놓았다.

빌 길버트가 쓴 『기적의 배』의 책표지

항해 중 5명의 새 생명이 태어났다. 다행히 한인 산파가 있어서 산모가 안전하게 아기를 낳을 수 있었다. 이 책이 출판된 이후 미국과 한국에서 많은 사람들이 흥남 피난민 철수 작전에 대해 알고 감동을 받았다. 이 기적의 배 모형이 지금 거제도 흥남철수 기념관에 전시되어 있다.

SS 메리디스 빅토리아 호가 알려지며 인정받게 된 것은 감사하게 생각한다. 그러나 SS 메리디스 빅토리아 호와 마찬가지로 다른 많은 배들도 피난민들을 실어 나르는 기적의 일을 함께 해냈다. 그럼에도 불구하고 책으로 쓰여진 SS 메리디스 빅토리아 호만 인정

---

17) Bill Gilbert, Ship of Miracles: 14,000 Lives and One Miraculous Voyage, Chicago: Triump Books, 2000

을 받게 된 것은 조금 아쉽게 생각된다.

R. J. 맥하튼의 다큐멘터리: 기적의 배

그러던 중 알 제이 맥하튼(R. J. McHatton) 영화감독이 출판된 『기적의 배』를 읽고 감동을 받아 자신의 사비를 털어 비디오 다큐멘터리를 만들게 되었다. 맥하튼 감독은 이렇게 귀하고 감동적인 기적은 다큐멘터리나 영화를 만들어 많은 사람들에게 알리는 것이 중요하다고 생각하고, 그때 그 기적의 현장에 있었던 사람들을 수소문해 찾아다니며 인터뷰를 하고, 그들의 이야기를 듣고 영상으로 찍으며 자료를 수집했다. 그렇게 만들어진 다큐멘터리는 지금 거의 편집이 끝나고 미국 PBS 방송국을 통해 전 미국에 방영될 예정이다.

흥남철수 때 북한의 많은 동포들이 죽음을 무릅쓰고 남쪽으로 가려고 노력한 광경과 미군들이 그 많은 북한의 피난민을 순전히 박애주의 정신으로 실어 나르는 데 동참한 경험을 나는 했다. 그 경험이 나의 삶에 큰 영향을 주었다. 후에 내가 결혼 상대자를 찾을 때 그레이스와 같이 물질적 가치보다 정신적 가치를 중요하게 생각하고 박애주의 정신과 사회봉사활동에 대한 가치관을 가진 사람을 찾게 된 배경에는 흥남철수 때의 나의 경험이 크게 작용한 것 같다.

13. 그들이 겪은 한국전쟁

전쟁 참전 용사들과의 인터뷰

맥하튼 감독이 현봉학 박사를 통해 나의 이름을 듣고 나에게 연락이 왔다. 그는 나에게 그 당시 흥남에서 피난했던 한국 피난민들과 미국 군인들을 모아 한 곳에서 만날 수 있게 해 달라는 부탁을 했다. 우리를 인터뷰하고 싶다는 것이었다. 그 당시 나의 아내, 그레이스(Grace)는 캘리포니아 주의 수도인 새크라멘토(Sacramento) 한인회 회장으로 있었다. 아내의 도움으로 신문에 광고를 내 흥남에서 철수한 피난민과 군인들을 모았다. 미국 군인 10명과 한국 피난민 3명(박관옥 여사를 포함해서), 그리고 나와 그레이스까지 15명이 한인회 회관에서 모여 맥하튼 감독과 인터뷰를 했다. "Chosin Few"라는 미국 해병대 모임의 회원으로서 한국전쟁 중 흥남에서 철수한 10명의 미군 베테랑들이 왔는데 그런 모임이 있다는 것을 이때 처음 알았다.

한국전쟁 당시 북진해 압록강까지 올라갔던 미국 군인들이 중공군에 밀려 후퇴하면서 가장 많이 죽고 피해를 입은 곳이 함경북도의 '장진'이라는 곳이다. 장진에서 살아남은 군인들이 미국에 와서 만든 모임이 "Chosin Few"라고 하는데, 장진을 그 당시 일본에서 '초신'이라 불러서 미국 해병대원들은 그 이름을 따서 "Chosin Few"라고 부른다고 한다. "Chosin Few" 생존자들은 매달 모여 서로 도우며 한 가족같이, 부인들도 친형제같이, 가깝게 지내면서 한국의 발전을 기뻐하며 관심을 가지고 지켜보고 있다. 참으로 한국을 사랑하는 한국의 친구들이다.

그 이후 "Chosin Few" 참전용사들과 가깝게 지내면서 매년 샌프란시스코 총 영사관 주관으로 로즈빌(Roseville)의 한국전 기념관에서 6.25 행사와 헌화를 하게 되었고, 그 이후 이들을 총영사 관저에 초청하여 저녁 만찬을 대접하였다. 한번은 『3일의 약속』[18]을 쓴 도널드 정 박사(Donald Chung)를 초대하여 그의 책 내용과 그분의 한국전 경험담을 듣고 미국 참전용사들에게 감사의 말씀을 드리는 기회도 가졌다.

이 책의 부록에는 매리디스 빅토리호를 타고 흥남을 탈출했던 박관옥 여사, 한국전쟁을 겪었던 유의영 교수, 한국전쟁에서 큰 공적을 남긴 김석춘 씨의 전투일지, 장진강 전투와 흥남 철수를 목격한 미해병 프랭크 다야크와 러셀 풀턴의 이야기를 소개한다.

---

18) Donald K. Chung, M.D. The Three Day Promise: A Korean Soldier's Memoir, Tallahassee, FL, 1989. 『3일의 약속』: 맥아더 장군을 비롯한 미국의 도움으로 3일 정도면 전쟁이 끝날 것이라고 생각하고, 3일 후에 돌아오겠다고 어머니와 약속하고 끝내 어머니가 돌아가실 때까지 만나지 못했던 Donald Chung 박사의 실화를 쓴 책.

14. 가족과 함께 다시 피난길로

　　흥남 철수를 하면서 기적적으로 살아남은 나는 서울로 와 집에 도착한 것은 12월 23일이었다. 동네 사람들은 벌써 남쪽으로 피난을 갔는데 우리 가족들은 나의 소식을 몰라 떠나지 못하고 기다리고 있었다. 이번에는 서로 떨어져 가는 것이 불안했기 때문이었다. 내가 계급 없는 군복차림에 더블백을 메고 집에 들어서자 식구들은 나를 기쁘게 맞이하였다.
　　"중공군이 내려오고 있으니 빨리 남쪽으로 떠나야 합니다. 서두르셔요."
　　우리 가족은 거의 마지막으로 피난길을 떠났다.
　　우리는 짐을 싸 한 짐씩 지고 12월 25일 크리스마스 아침 걸어서 용산역을 지나 미군 공병대가 만들어 놓은 한강 부교를 건넜다. 여의도 공군비행장에 있는 전투기들을 옆으로 보며 기찻길을 따라 영등포역을 향하여 걸어갔다. 영등포역에는 마지막 기차를 타려는 사람들로 가득 차 있었다. 이날따라 함박눈이 쏟아져 발이 눈에 묻혔고 전쟁이 아니었으면 경치 좋은 '화이트 크리스마스'가 될 뻔하였다. 우리가 영등포역에 도착했을 때 군용 열차가 미군과 화물을 가득 싣고 부산으로 떠나려 하고 있었다. 객차 뒤쪽으로 달린 화물차 지붕에는 벌써 피난민들이 가득 올라탔고 떨어지지 않게 짐들을 가장 자리에 붙잡아 매어 놓고 있었다. 우리도 사다리를 타고 꼭대기에 사람들 틈에 끼어 앉았다. 추워서 담요를 쓰고 머리만 내놓았다. 오후가 되어서야 기차가 떠났고 굴속을 지날 때는 석탄연기로 콧구멍이 까맣게 되어 숨을 제대로 쉴 수 없었다. 정거장에서 쉴 때면 김밥이나 떡을 사 먹곤 하였다.

대전역에 도착했는데 헌병이 와서 군복을 입고 있는 나를 보고 다가왔다.

"증명서 좀 봅시다."

나는 첩보대 민간요원 증명서를 보여 주었다. 나의 증명서를 뚫어지게 보던 헌병이 말했다.

"잠시 조사를 해야겠습니다. 따라오시오."

헌병은 나를 역사로 데리고 들어갔다. 그때는 헌병들이 기차를 타고 가는 사람들 중에 젊은 사람을 잡아 제2국민병으로 데려갈 때였다. 역사에 들어가서 조사를 받고 있는데 한 미군이 들어와서 그 사람들에게 무엇을 물었다. 영어를 하는 사람이 없어서 내가 통역을 해 주었다. 내가 미군과 의사소통이 되는 것을 보고 그만한 위치면 믿을만하다고 생각했는지 나를 돌려보냈다.

기차가 아침 일찍 경상북도 왜관에 도착하였는데 여기가 1950년 8월까지만 해도 인민군들이 제일 남쪽까지 밀고 내려왔던 곳이다. 날이 몹시 추웠는데 사람들이 화장실에 가느라고 철로 된 기차 옆에 달린 사다리로 내려갔다. 이때 쿵 하는 소리와 함께 웅성웅성하며 누가 사다리에서 떨어졌다고 하였다.

그쪽을 보니 하늘색 털코트를 입은 여동생 익란이가 땅에 떨어져 정신을 잃고 있었다. 차가운 사다리를 잡고 내려가다가 손이 얼어서 사다리를 놓쳐 떨어졌던 것이다. 바로 내려가 익란을 업고 정거장 안으로 뛰어 들어갔다. 마침 미군들이 있어서 사정을 했더니, 우리가 탄 기차에 있던 미군 의무실로 데리고 들어갔다. 그들이 치료하여 주고 난 후 조금 있다가 익란은 정신을 차렸다. 나와 익란은 부산까지 가는 동안 미군이 탄 객차 안에서 지낼 수 있었다. 이때 충격으로 익란은 힘든 일을 하면 허리가 아프곤 했다.

15. 부산 피난 시절

우리가 탄 피난 기차가 부산 초량역에 멈췄다. 아버지가 북한 인민군이 서울을 점령하였을 때 강원도 영월에 출장을 가셨다가 서울에 돌아오지 못하고 부산까지 혼자 피난하셨을 때 계실 곳이 없어서 초량교회의 부속 건물에 계셨었다고 한다. 그래서 이번에도 가족이 전부 초량교회로 갔다. 벌써 교회의 본당은 물론 부속 건물에까지 피난민들로 꽉 차서 우리는 다른 사람들과 같이 마당에 담요를 깔고 별을 보며 잤다. 그때는 유난히 추워서 북쪽에서 피난민들이 추위를 가지고 왔다는 말도 있었다.

다음날 아침에 일어나 당장 직업을 구해야 할 판이었다. 나는 얼마 동안 부산 부두에서 데일리 워커(날품팔이 노동)로 일을 했다. 당시 일할 곳은 부두에 나가 군용물자를 나르는 중노동밖에 없었다. 일정한 일이 아니고 아침에 일찍 나가 여러 사람 중에서 뽑히면 그 날 일을 하고 일당을 받는 것이었다. 받은 임금으로 쌀 한 되와 생 오징어 몇 마리를 사 들고 우리 가족이 종일 기다리고 있는 초량교회 마당의 천막으로 왔다. 그것이 우리의 저녁이었다. 내 가족은 여동생이 만든 낙지볶음으로 함께 저녁을 먹으며 좋아했다. 그 낙지볶음의 맛과 냄새는 아직도 잊을 수가 없다. 그 후 미국 친구 중 하나가 이 이야기를 듣고 나를 데리고 한국음식점에 데려가 그때를 생각하면서 원 없이 먹으라고 낙지볶음을 사 주었다.

초량교회에서 약 한 달 동안 있었는데 어느 날 아버지가 다니시던 회사의 간부가 찾아왔다. 회사의 직원들이 다른 지방에 출장을 갔다가 와중에 가족들과 헤어져 부산에 오게 되어, 임시 회사의 합숙소를 만들고 약 7~8명이 같이 지나고 있는데 우리 집 식구도 전부 그곳으로 오라는 것이었다. 조건은 우리 식구가 함께 있는 대가로 여동생이 식사준비를 맡으라는 것이었다. 여러 명의 남자 회사원들과 우리 식구까지 합하면 그야말로 대식구가 되는데, 하루 세 끼 식사를 준비하라는 것은 보통 중노동이 아니었다. 그때 여동생 익란은 고생을 많이 했고, 기차지붕에서의 낙상으로 다쳤던 허리가 그 후유증으로 더 자주 아프곤 했다.

그 합숙소는 부산정거장에서 가까운 번잡한 길에 있는 양식식당 2층에 있는 방이었다. 이 양식식당은 술도 함께 팔았는데 밤에는 미군들이 와서 늦도록 술을 마시고 취해서 서로 싸우는 일도 자주 있어 시끄럽고 어수선한 나날이 계속되었다. 후에는 싸우는 일이 심해져 미군당국이 골목 전체를 미군출입금지구역으로 정하였다. 그래도 가끔 와서 술도 마시고 싸우기도 하여 헌병들이 와서 미군들을 잡아가기도 하였다. 합숙소는 방이 두 개 있었는데, 이 두 방에서 온 식구들과 회사 직원들이 모두 다 같이 지냈다.

"이곳에서 사람들이 많아 익란이가 너무 고생을 한다. 이곳을 떠나 피난민 수용소로 가자."

합숙소에서 여동생이 고생하는 모습을 안쓰럽게 지켜보던 아버지는 여동생을 위해 영도에 있는 피난민 수용소로 이사를 결정하셨다. 그곳은 큰 절인데 피난민들이 절간 안팎에 있는 마당에 천막을 치고 살고 있었다. 우리도 그곳으로 가서 한 구석에 천막을 쳤는데, 시장에 가서 미군들이 비가 올 때 쓰는 우비를 몇 개 사서 지붕으로 씌우고, 벽의 한쪽은 돌담장과 다른 한쪽은 절의 벽으로 하여 간이 거처를 만들어 살았다. 방의 넓이는 3미터, 길이는 6미터밖에 되지 않는 비좁은 방이었다. 잘 때는 마치 성냥갑 속에 들은 성냥같이 촘촘히 누워 자야 했다.

피난민 수용소의 1년 반 생활은 정말 힘들었다. 아버지가 그나마 조금씩 토건 일을 받아 가족이 연명을 할 수 있었다. 500여 명이 살던 이 수용소에 우물이 하나밖에 없었는데 우물의 깊이는 약 10m여서 깡통에 긴 밧줄을 매어 두레박을 만들어 올렸다 내렸다 해야 했다. 아버지가 들어 올린 두레박 바닥에는 모래가 많아 조심해서 물을 물통에 부었다. 이렇게 겨우 물통 하나를 채우는 데 한 시간이나 걸렸다. 한 통을 채우는 데에도 이렇게 오랜 시간이 걸리는데 줄을 쭉 늘어선 사람들이 다 물을 길어야 했으니 낮에 사람이 많은 시간에는 얼마나 오래 기다려야 했을지 말로 설명하지 않아도 상상이 갈 것이다. 이처럼 낮에는 사람이 많아 물을 길을 수가 없어서 매일 이른 새벽에 가서 물을 길어 와야 했다. 물을 길어 오는 것과 같은 힘든 일들은 아버지가 주로 맡아 하셨다.

16. 해군 입대

　　초량교회 부속 건물에서 합숙소로 거처를 옮길 당시 해군에서 특별히 의과대학생이나 의예과 학생들을 의무 하사관으로 모집했다. 그 당시 의예과 학생이었던 나는 해군에 입대하여 진해에서 한 달 동안의 기초 훈련을 받았다. 그때 교관들이 교육을 많이 받지 못했던 콤플렉스 때문에 대학생 훈련병들을 '기죽이기' 위해 훈련을 힘들게 시켰다. 밤중에 갑자기 비상을 걸어 훈련생들이 캄캄한 가운데 신발을 제대로 찾아 신고 나오지 않으면 돌멩이가 많은 운동장을 맨발로 뛰어 돌게 하여 피를 흘리게 한 일도 가끔 있었다.
　　기초 훈련 후에 의무 하사관 훈련을 3개월 동안 받았다. 하사관 훈련은 아주 고되고 심했다. 하사관 훈련을 시켰던 교관은 이북에서 온 의사였는데, 엄하고 까다롭게 시험을 자주 쳤다. 계급은 의과대학 학생들의 학년에 따라 결정되었다. 예를 들면 의과대학 3학년 학생들은 상사로 임명되었고, 나 같은 의예과 2학년 학생은 3등 하사관으로 임명받았다.

그 후 진해해군병원에서 회충검사 책임자로 복무하기 위해 한 달 동안 부산에 있는 미 해군 병원선 리포스(Repose)와 컨설레이션(Consolation)에서 회충검사에 필요한 훈련을 받았다.

그 당시 한국 해병대가 전선에서 많이 부상을 당해 나는 반 년 동안 진해 병동에서 환자들의 치료를 도왔다.

한국 해병대에 의무 하사

진해해군병원에서 의무병 삼조하사관 복장을 하고(1951년)

관이 더 필요해 나를 아주 해병대로 편입시켰다. 그 후 나는 부산에 있던 해병대 본부 의무과에 가서 인사행정을 보았다. 내가 글을 잘 쓴다고 그쪽으로 발령을 낸 것이라 들었다. 해병대 본부에 있을 때는 부산 영도에 있는 절에서 피난생활을 하고 있는 가족에게도 가끔 찾아 갈 수 있었다.

그러던 중 정부에서 의사배출을 증가시키기 위한 하나의 방편으로 의예과 학생들과 의과 대학생들을 빨리 제대시켜 복교할 수 있도록 하는 새로운 법안을 통과시켰다.

17. 의과대학 복학과 정신과와의 만남

의과대학 복학

나는 일 년 반 만에 해군에서 제대하고 부산에 있는 임시 서울 의대로 복교하였다. 우리는 모두 천막교실에서 공부를 했다. 캄캄한 천막교실 안에서 60촉의 불을 켜 놓고 책이나 그림 자료도 없이 교수가 칠판에 그림을 그리면서 해부학 강의를 했기 때문에 학생들은 제대로 공부를 할 수 없었다. 해부학 시험을 쳤는데 모두 낙제를 하였다. 학생 대표들 몇이 쌀가마를 사 들고 교수집을 찾아가 탄원도 하고 하여 재시험을 친 일이 있다. 그래서 해부학 공부는 미국에 와서 의사 면허시험을 칠 때 다시 철저히 해야 했다. 이때에 컬러사진으로 자세히 되어 있는 해부학 책을 여러 권 사서 책장에 꽂아 놓고 공부했었는데 이사할 때마다 피난시절의 천막교실 기억 때문에 버리지 못하고 항상 가지고 다녔다.

부산에서 복교하여 공부할 때 나는 가정교사도 하고 선거운동도 하여 학비를 벌었다. 한 여학생의 가정교사를 했는데 그의 아버지가 이화의대 소아과 교수로 비교적 부유하여 매일 그 집에 가서 저녁을 먹고 공부를 시켰다. 이 학생은 후에 이화대학에 거뜬히 입학하였다. 학기 학비를 준비하기 위해서는 수입이 필요했다. 선거운동을 하여 학비를 보충했다. 선거운동은 황성수 씨가 부탁하여 당시 자유당 이승만 대통령 후보와 이시영 부통령 후보 선거 선전물을 벽과 전봇대에 붙이는 일이었는데, 전남 순천까지 가서 이 일을 했다. 이렇게 하여 한 학기 학비를 벌곤 했다.

서울의과대학에 다니는 동안에 종교 음악가인 박재훈 선생과 시인 석진영 씨와 6개월 동안 석진영 씨 집에서 같이 합숙 생활을 하며 기도와 성경 말씀으로 함께 수양을 했다. 그 당시 석진영 씨는 박재훈 선생이 작곡할 수 있는 시를 많이 써 주고 박재훈 선생은 그 시를 바탕으로 찬송가를 작곡하곤 했다. 집에는 피아노가 없어서 주일이 되면 영락교회에 가서 자신이 작곡한 곡을 처음으로 쳐 보곤 하였다. 그들과 함께 살면서 나는 그 당시 신학자들의 영어 원서로 공부를 시켜주며 그들에게 영어를 가르쳐 주곤 하였다. 그 후 석진영 씨는 미국에 와서 「복음의 전령」이라는 잡지를 출판하며 자신의 글을 연재하다가 10년 전에 돌아가셨다. 500곡 이상의 찬송가와 종교음악을 작곡하신 박재훈 선생은 목사가 되어 현재 캐나다 터론토에 계시며 요즘 유관순을 주제로 한 오페라를 작곡하셨다.

나는 필그림 합창단에서 테너 파트를 맡았었다. 음악가 이동훈 선생이 필그림 합창단을 지휘하셨다. 그 당시 같이 공연을 준비하던 필그림 합창단 단원으로는 박재훈, 이동훈 선생이 계시고 또 다른 종교 음악가이신 장수철 씨도 함께 미국 순회공연을 기획하며 준비했었는데 결국 실현하지는 못했다. 후에 미국에 와 있을 때, 버펄로에 선명회어린이합창단을 이끌고 공연을 오셨던 장수철 씨와 반가운 재회를 할 수 있었다.

그 당시 황성수 씨(변호사 출신의 국회 부위원장을 지내고 후에 목사가 되어 나성에서 목회 하심)가 기독교 학생단체를 만들어 지도했는데, 그곳에는 우수하고 장래의 포부가 컸던 학생들이 많았다. 대표적인 학생들은 노정현(연세대 경영학 학장), 강민구, 정병호(미국 외과 의사), 조용직(나성 CPA), 김경원, 이대순(경원대 총장, 교통부장관), 오희준(장로, 현재 101세), 정의용, 김순자, 고재곤, 유혁(위스콘신대학 화공과 교수), 이대순, 김재호, 장익태, 한용석(은퇴한 Texas 교회 목사) 등이 있다. 한때 내가 이 단체의 회장을 했다. 그 이후에 김경원(金瓊元) 씨도 회장을 했는데 그는 후에 대통령 비서실장과 미국대사로 일했다.

서울 귀환과 정신과와의 만남

내가 부산에서 본과 2학년 때 우리 가족이 모두 서울의 봉래동 집으로 돌아왔다. 서울 의대와 대학병원 본관은 전쟁 중 인민군과 미군이 번갈아 사용했었는데 내가 복교했을 때는 다시 서울대학병원으로 회복되었다. 그때 나하고 같이 서울고등학교를 졸업하고 의과대학에 입학한 친구 김익산이 심한 우울증으로 많은 어려움을 겪고 있었다. 이 친구는 북에서 내려온 누이와 함께 있다가 누이가 결혼하게 되어 혼자 살면서 외로움을 많이 탔다.

그 당시에 우리 집에도 자주 오고 나와 친하게 지냈었는데 본과 4학년 때 칠판에 말이 되지 않는 이상한 시를 쓰곤 했다. 이 친구가 4학년 때 조울증이 심해져 정신과 병동에 입원했는데 내가 자주 면회를 갔었다.

이때 정신과 주임교수 남명석 교수가 나에게 관심을 두더니 자기 방을 하나 줄 테니 와서 엑스턴(extern)을 하라고 하였다. 그전에는 안과에 관심이 있었는데 남선생을 만난 후에 정신과에 관심을 갖게 되었다. 남 교수는 내가 미국 유학을 올 때 나에게 임상심리학을 전공하고 와서 자기와 함께 서울의대에 임상심리학과를 만들자고 하였다. 이것이 내가 미국에 와서 임상심리학으로 박사학위를 하고 정신과 레지던트(resident)를 하게 된 배경이다. 정신과 병동에 입원해서 치료를 받던 내 친구 김익산은 그 후 잘 치유되어 일생 동안 외과의사로 아프리카에서 활동하다가 얼마 전에 타계하였다.

우리 가족들의 이야기

어머니가 납치되신 후 아버지는 혼자서 부모의 역할을 하시느라 고생을 많이 하셨다. 서울 환도 후 가족들이 모여 의논하고 아버지께 재혼을 권유하며 간곡히 말씀드렸다.

"아버지, 저희 때문에 너무 고생하셔요. 이제 저희 걱정은 그만하시고 새 어머니를 모시고 사셔요."

"아니다. 나는 절대로 재혼을 하지 않겠다."

아버지는 완강히 버티셨다. 그러나 자녀들과 친척들도 계속 아버지를 설득했다.

"아버지, 이 집안에는 아버지를 내조해 주실 어머니가 꼭 필요해요. 그래야, 우리 자녀들이 각기 자신의 길을 가죠."

내가 미국에 오기 직전에 아버지는 뜻을 굽히시고 재혼을 하셨다. 새 어머니는 부산 해운대에서 고아원을 맡아 운영을 하셨는데 내 처남 김영선의 아버지가 소개를 하셨다. 새 어머니는 평양에서 기독교 계통 여학교를 나오셨다. 서울에 와서는 대한부인회에서 일을 하셨다. 새 어머니의 배경이 친어머니와 비슷하셨다. 새 어머니가 오셔서 가족을 잘 돌봐 주셨고, 특히 막내 익풍이를 사랑하셔서 막내가 많이 따랐다. 후에 두 분이 우리 집에서 가까운 캘리포니아 새크라멘토에서 사셨는데 아버지는 교회 장로로, 어머니는 권사로 활동을 많이 하셨다. 어머니는 성인학교 영어교실에 다니셨고 몇 년 동안 개근상을 받으셨다. 아버지는 자전거를 타시고 아픈 교인들을 심방하셨다. 일생 동안 자녀들을 자상하게 돌보아 주신 아버지는 94세까지 건강하게 사시다가 돌아가셨다.

"꿈에 아버지가 흰 옷을 입으시고 빨리 오라고 하신다."

3개월 후 어머니는 이 말씀을 남기시고 병원에서 주무시다가 아버지를 따라가셨다.

이야기가 좀 빗나갔지만 서울에 돌아온 후 내 여동생 익란은 자기 모교 숙명여고에서 잠시 사무원으로 일을 했다. 익란은 얼마 있다가 진해에서 나와 함께 해군기초훈련을 받던 치과의사와 결혼을 하였다. 둘이 만나게 된 것은 내가 해군에 있을 때 훈련이 끝날 때쯤 휴가를 받아 그 친구와 함께 부산 영도 피난민 수용소에 있는 우리 집으로 가면서부터였다. 그 친구가 익란과 서로 좋아하게 되어 데이트를 시작하고 결국 결혼을 하게 된 것이다. 익란은 부산 피난시절 학교는 쉬고, 은행에서 일을 하며 내 학비를 벌었다. 매부는 의무관 소령으로 제대하였다. 이 매부의 아버지(김연수 박사)는 한국에서 중국으로 파견된 최초의 의료선교사였다.

(1) 익란(益蘭)은 첫 아이를 낳고 엄마로서 서울대학교 미술대학에서 서양화 전공으로 졸업하였다. 그 후 숭의여고에서 35년을

2010년 저자 팔순 파티에서의 4남매. 왼쪽부터 저자, 익란, 익성, 익풍

미술교사로 있다가 은퇴하였다. 여동생의 첫 아기가 어렸을 때는 내가 가끔 가서 기저귀도 갈아 주고 업어 주기도 했는데 지금은 서울의 새문안장로교회 이수영 목사 사모가 되었다. 평생 동안 미술활동을 한 익란은 대한민국 4, 6, 8, 9회 국전에 입선했고, 그의 작품들은 한국미술협회전, 한국여류화가전, 한국기독교미술인전 등 많은 미술전을 통해 발표되었다. 파리에서 열린 단체전에도 그의 작품이 전시되었고, 서울에서 두 번의 개인전을 가졌다.

(2) 내 동생 익성(益成)이는 부산 피난시절 서울고등학교를 졸업하고 서울상대에 입학하여 서울로 와서 졸업을 하였다. 졸업 후 1960년 미국에 와서 남일리노이 대학(Southern Illinois University)에서 경제학 석사를 끝냈다. 이어서 뉴올리언스의 튤레인 대학(Tulane University)에서 박사과정을 이수한 후 뉴욕의 뉴욕, 뉴저지, 코네티컷 3개 주 광역권 개발회사에서 경제 분석가로 일을 하다가 은퇴하였다. 익성이는 나에 비해 상당히 외향적이고 활동적이어서 뉴욕지역의 US Junior Chamber of Commerce 회장 등 커뮤니티 활동을 많이 하였다.

(3) 막냇동생 익풍(益豊, Paul Kim)은 부산 피난 시절 서울중학교에 입학하여 서울 복귀 후 서울고등학교를 졸업하였다. 익풍은 고등학교 졸업 후 임원식 씨가 지휘하던 KBS교향악단의 플루트 주자로 2년간 활약하였다. 군대 복무 후 1962년에 미국에 와 버클리 가주대학(UC Berkeley)에서 건축학을 전공하고 미국에서 일생을 건축가로 활동하고 있다. 졸업 후에 뉴욕에서 5년간 유명한 건축회사에서 경험을 쌓고 로스앤젤레스로 옮겼다. 그후 익풍이는

초창기부터 로스앤젤레스 코리아타운 형성에 공헌이 많은 건축가로서 활약했다. 익풍이 설계한 건물 중에는 로스앤젤레스 코리아타운에 있는 옥스퍼드 팰리스 호텔(Oxford Palace Hotel), JJ 그랜드 호텔(JJ Grand Hotel), 로텍스 호텔(Rotex Hotel), 라마다 호텔(Ramada Hotel) 등이 있고, 나성영락교회의 김계용 목사 교육관, 나성침례교회 교육관 등이 있다.

또한 유명한 피겨스케이터 미셸 콴(Michelle Kwan)의 동서 아이스스케이트장(East West Ice Palace, Artesia)을 설계하였는데, 최근에는 올림픽 금메달리스트 김연아 선수도 이 아이스 스케이트장을 사용하기 때문에 동서 아이스 스케이트장은 더욱 유명세를 타고 있다.

그외에 설계한 건축물로는 세리토스 장로교회(Cerritos Korean Presbyterian Church)의 교육관과 가든 글로브에 있는 아리랑 갤러리아 쇼핑센터(A R Galleria Shopping Center) 등이 있다.

18. 국제적십자사와 포로교환

내가 의대 본과 3학년 때 휴전 협상이 한참 진행되고 있었다. 나는 1953년 여름 방학동안에 국제적십자 팀에 통역 겸 비서로 판문점에서 약 3개월간 일을 하였다. 휴전 협정 합의에 의하여 국제적십자 팀이 조직되고 이 팀이 포로 교환을 감독하는 일을 맡았다. 이 국제 적십자 팀은 '유엔군 참전 국가들의 적십자 대표'와 '북한과 중공의 적십자 대표'로 구성되었다. 이때 남한의 적십자사 대표는 후에 외무부장관을 역임한 이범석 씨였다. 그때 적십자 팀에는 긴급 상황 발생 시 북한과 연결하는 유일한 전화기가 있었는데, 그 전화를 나와 미군 하사관 한 사람이 책임을 지고 있었다. 둘이서 교대로 전화 옆에 간이침대를 놓고 자면서 전화를 지키고 있었다. 포로교환과 관계된 긴급 상황이 발생하지 않아 특별히 전화통화를 할 필요는 없었다.

또 포로 교환 시 남북 양쪽 인계소를 왔다 갔다 하며 포로 인수인계 절차가 규정대로 무난하게 진행되는지를 감독하는 일도 하

휴전회담 1953. 4.

였다. 숙소에서 북쪽과 남쪽의 인수인계소를 헬리콥터로 왔다 갔다 하면서 일을 했다. 북쪽 인수인계소에 가면 북측 기자들이 영사기를 내 얼굴에 바짝 들이대고 5분씩이나 사진을 찍으며 위협을 하였다.

북쪽의 인계소에 오는 인민군 포로들은 도착하는 즉시 하나같이 새로 입고 온 옷을 팬티만 빼 놓고 전부 벗어 던지면서 외쳤다.

"이 더러운 양키 옷들 필요 없다."

그리고 그들을 접수하는 인민군 장교 앞으로 가서 여러 구호를 한참 목청이 터지게 부르는 쇼를 하였다.

"우리는 김일성 장군에게 충성을 다하겠습니다."

그러면 북쪽에서 포로를 인수받으러 온 장교가 대답했다.

"동무들, 조국의 품에 들어오기까지 수고가 많았소."

그들은 김일성 만세를 부르는 의식을 진행했다.

옷을 벗어 던지는 인민군 귀환 포로들

그런데 다음 날 보면 벗어 던진 옷들을 다 싹 쓸어가 없어졌다. 그때 필리핀 적십자 대표가 이 광경을 보고 비웃는 말을 한 것이 생각난다.

"저 사람들은 옷을 경계선 북쪽으로만 던진다."

자신들이 버린 옷을 밤에 몰래 가져가 버렸기 때문이다. 그 반대로 남쪽에는 무슨 특별한 단체적 의식이 없었고, 받아들이는 장교가 돌아오는 한 사람 한 사람에게 돌아온 것을 환영한다는 간단한 인사와 함께 이름과 군번 등만 개별적으로 체크하고 인수하였다.

기자들이 남쪽 인계소로 온 미군 포로들에게 질문 공세를 펼쳤다.

"북한의 포로수용소에서 어떻게 지냈습니까? 지금 기분이 어떻습니까?"

"돌아와서 기쁩니다."

그들은 포로생활에 대해 말하기를 꺼려 했다. 대부분의 귀환 포로들은 영양실조로 피로해 보이고 말도 별로 없었고, 자유의 세계로 돌아온 것만 기뻐하였다.

어떤 기자가 포로들에게 물었다.

"미국에 대해 알고 싶은 소식이 있소?"

이 말을 듣고 한 사람이 물었다.

"마릴린 몬로가 요즘은 어떻게 지내지요?"

또 한 사람은 야구에 대해 물었다.

"요즘 뉴욕양키스가 월드 시리즈에서 승패가 어떻게 되고 있습니까?"

이것이 북으로 가는 포로들과 남으로 오는 포로들의 대조적인 장면이었다.

포로들이 자기 쪽으로 인계인수되기 직전에 포로생활 중 부당한 취급이나 어떤 불평이 있으면 국제적십자 팀에 보고하는 절차가 있었다. 북쪽으로 가는 포로들 가운데는 적십자 팀에 보고할 것이 있다고 인터뷰를 요청하는 사람이 많았다. 적십자 팀에서는 그들의 불평을 일일이 듣고 모두 기록을 해야 할 책임이 있어서 많은 시간을 들여 기록을 하였다. 그들은 길게 줄을 서서 불만사항을 늘어놓았다.

"약을 제대로 주지 않았다."

"의사를 보기 원해도 들어주지 않았다."

"음식이 신통치 않고 잠자리가 안 좋았다."

그들은 한결같이 자기들이 비인도적인 취급을 받았다고 불평했다. 나는 통역관으로 일일이 이를 영어로 번역했고, 대표들이 번역한 대로 모두 기록하였다. 그러나 북에서 남으로 온 포로 중에는 적십자 팀에 인터뷰를 요구한 사람이 하나도 없었다. 포로교환이 완료된 후 북한적십자 팀 대표는 포로들이 불평을 많이 했기 때문에 이 안건에 대한 특별회의가 필요하다고 요구했다. 국제적십자 팀은 그 요구를 받아들여 특별 합동회의가 열렸다.

북측에서는 포로들이 비인도적인 취급을 당한 내용을 모두 전 세계에 발표해 알리는 공동성명을 내자고 요구했다. 그러나 UN측 적십자대표들은 저들이 부당하다고 보고한 것이 다 미리 짜고 한 거짓말이 분명하다는 이유로 이를 거절하였다. 그래서 이에 대해 대표들이 옥신각신하였다. 결국 북측이 퇴장한다고 일어서면서, 남쪽도 동시에 퇴장하여 이것이 국제적십자 팀 합동회의의 마지막이 되었다. 당시 남쪽 적십자사 대표가 이범석 씨였는데 이를 모두 이승만 대통령에게 보고했다고 후에 나에게 말해 주었다. 그 후 이범석 씨는 1983년 외무장관으로 전두환 대통령을 수행하여 미얀마의 랑군을 방문 중 전두환 대통령경제특보, 재무장관 등 17명의 주요 인사 및 경호원들과 함께 북한 김정일의 지시에 의한 테러리스트의 폭탄을 맞아 세상을 떠났다.

19. 나의 아내 그레이스(전경자)와의 만남

그레이스와 나는 부산 피난 시절 연세대학의 오기형 교수가 지도하는 기독학생을 위한 협동관에서 만났다. 피난 중에 학생들이 모여 같이 예배드리고, 성경공부를 하고, 여러 가지 주제로 토론도 하며 성경을 배우고 봉사도 하였다. 많은 대학생들이 모여 봉사활동을 하였지만, 그때만 해도 남학생과 여학생이 특별히 가깝게 지내거나 데이트 하는 일은 없었다.

우리는 서울에 돌아와서도 계속 영락교회와 협동관에서 만났지만 데이트는 하지 않았다. 하루는 서울대학 문리대 뒤쪽에 있던 협동관에서 모임을 끝내고 집으로 돌아가는 길에 나에게 그레이스가 길이 컴컴하니 자기를 버스정류장까지만 에스코트해 달라고 하였다. 나는 반갑게 그 요청을 받아들였고 같이 걸으며 이야기를 했는데 그것이 우리들 데이트의 첫 시작이었다. 그때까지 그레이스는 어떤 남자가 데이트를 신청하여도 무조건 "No"였다. 그런데 나에게 동행해 달라고 하여 가슴이 뛰고 기뻤다.

그레이스는 동료들에 비해 탁월한 미모와 명랑하고 외향적인 성격을 가지고 있어 많은 남자들이 관심을 가지고 있던 터였다. 그 후 시공관에서 오페라 "카르멘" 공연이 있어서 내가 함께 가자고 초대를 했다. 처음에는 습관적으로 거절을 했다. 내가 다시 요청하니까 승낙을 했다.

오랜 데이트 끝에 나는 미국으로 유학을 오기 3개월 전에 약혼을 청했다. 그레이스는 결정을 하지 못하고 우리가 존경하는 서울사대 김석목 교수에게 함께 가서 의논을 드리자고 하였다. 우리의 이야기를 들은 김 교수는 신중하게 의견을 주셨다.

"미국에 유학을 가서 언제 올지도 모르는 데 약혼을 하고 갈 필요가 있겠나? 시간을 두고 기다리다가 결혼을 하게 되면 하고, 한 사람이라도 마음이 변하게 되면 접는 것이 좋을 듯하네."

우리 둘은 그 말씀에 동의했다. 그러나 나중에 알고 보니 둘 다 말은 그렇게 했지만 결국은 결혼을 할 것이라고 확신을 하고 있었다.

20. 단돈 100달러 들고 도전한 미국 유학

　1950년부터 3년에 걸친 전쟁으로 금수강산은 폐허가 되고, 국민들은 가난과 굶주림에 허덕이고 있을 때, 나에게 꿈같은 소식이 날아왔다. 미국유학신청 합격통지서를 받은 것이다. 그 당시 의사들은 모두 교환 비자로 미국을 갔는데 나는 문교부 시험을 쳐서 미 공군 부인회의 장학금을 받아 학생비자로 가게 되었다.

　나는 1956년에 200달러를 내고 화물선을 타고 미국으로 왔다. 배에서 선원들의 일을 함께 도와주는 대가로 싸게 배를 탈 수 있었다. 그때 탄 배는 한국배였지만, 구조는 서양식이었다. 아직 수세식 변기를 쓰는 습관이 되어 있지 않아서, 우리가 쓰던 대로 변기 위로 올라가 쭈그려 앉아 일을 보았다.

　후에 알게 된 사실이지만, 같이 갔던 유학생들도 다 나와 같이 변기 위로 올라가 일을 보았다고 한다. 내 호주머니에는 단돈 100달러밖에 없었다. 부산을 떠난 배가 일본의 오사카 항구에 닿았는데 비가 왔다. 배에 같이 타고 가는 유학생들 여섯 명과 함께 거리

애리조나에서 1956년

구경을 나갔다. 나는 그곳에서 우산 하나를 1달러에 샀다. 또한 그곳에서 난생 처음 나체쇼를 봤다.

    부산을 떠난 지 3주 후에 배는 미국 오리건 주의 작은 어선촌 뉴포트(Newport)에 도착했다. 이민국 직원이 오지 않아 3일간 배에 갇혀 있다가 수속을 마치고 드디어 화물선 생활을 끝내고 미국 땅에 첫 발을 디뎠다. 그곳에서 그레이하운드 버스를 타고 캘리포니아 주의 버클리에 도착하여 우리를 후원해 준 미 공군 장교 부인회원들을 만났다. 그곳에서 하룻밤을 잔 후에 다시 버스를 타고 애리조나 주 투산에 있는 애리조나 대학에 도착하였다.

    나는 애리조나에서 1년 동안 메디컬 인턴십(medical internship)을 하고 임상심리학으로 3년 만에 박사학위를 끝냈다. 쥐꼬리만한 인턴 월급으로 첫 번째 한 일은 그레이스에게 청색 브로치를 사 보낸 것이었다. 한국을 떠나기 전에 그레이스에게 선물을 남기려고 함께 백화점에 갔다가 예쁜 청색 브로치를 돈이 모자라 사 주지 못하고 얼굴이 새빨개져서 나왔던 것이 생각이 나서 인턴생활을 시작하여 월급을 받자마자 가장 먼저 청색 브로치부터 사서 그레이스에게 보냈다.

내가 미국 애리조나대학으로 임상심리학 공부를 위해 떠난 후 그레이스는 같은 해 서울사대를 졸업하고 숭의여고 교사로 취직하였다. 내가 6년 유학생활을 하는 동안 일주일에 한 번씩 편지를 교환했다. 반세기가 지난 지금은 아쉽게도 소장하고 있는 편지가 없지만 그 당시에는 열렬한 러브레터를 주고받았다. 전화하기가 아주 어려운 때라 6년 동안에 한 번은 미리 연락을 하여 그레이스가 서울의 국제 우체국에 가서 3분간 통화를 하였다. 내가 미국에 와서 3년 동안 대학에서 공부만 하고 한국 사람이 없어 말을 할 기회가 없었다. 그래서 내가 하는 한국말이 꼭 선교사들이 한국말을 하는 것

애리조나에서의 인턴생활 1956년

같이 들린다고 웃느라 하고 싶은 대화도 제대로 못하고 끝났다. 오래 떨어져 있었으나 서로 보고 싶은 마음은 변하지 않았고 편지로 교제가 더 깊어지고 서로를 더 잘 알게 되었다.

내가 심리학 박사학위를 끝내고 미국 정신과 레지던트 훈련을 마친 후에 본래는 서울로 돌아가 남명석 정신과 주임교수와 함께 서울의대에 임상심리학과를 개설할 계획이었으나 갑작스럽게 남 교수님이 타계하여 그 계획을 실행할 수 없게 되었다.

그래서 귀국을 포기하고 뉴욕 주의 버펄로(Buffalo)에 가서 임상심리학 포스트 닥터 펠로우쉽(Post Doctoral Fellowship) 1년을 끝내고 정신과 레지던트(resident)를 시작하였다.

이때에 그레이스에게 미국에 와서 결혼을 하자고 청혼을 했다. 그래서 우리는 태평양을 사이에 두고 6년간의 편지 데이트를 한 끝에 1962년 5월에 뉴욕 버펄로의 어느 작은 장로교회에서 병원의 친구들과 그곳에서 만난 한인 친구들의 축하를 받으며 결혼식을 올렸다. 물론 부모님과 친척들은 참석하지 못했다. 당시의 경제적 어려움과 한국사회의 혼란 속에서 미국여행이 거의 불가능했었다.

애리조나대학 임상심리학 박사학위를 받고.
1960년.

21. 커뮤니티 액티비스트, 그레이스
  (Community Activist, Grace)

나의 아내 그레이스는 미국에 온 후 데이비스 고등학교(Davis Senior High School)에서 교사로서 24년간 학생들을 가르치면서 사회 활동도 많이 하여 '사회 활동가'가 되었다. 특히 청소년을 돕는 일을 많이 하였다. 그는 《한국일보》에 "Dear Grace"라는 "디어 애비"(Dear Abby)와 같은 질문 응답 형식의 칼럼을 매주 한 번씩 1980년부터 1990년까지 10년간 기고하여 이민자들의 청소년 문제와 가정문제 등에 관한 이해를 도왔다.

그레이스는 한국전쟁 때부터 고아들을 돕는 일을 했다. 그레이스의 말을 빌려 한국과 미국에서의 그의 활동과, 미국에서의 우리들 두 사람의 삶에 대해 간단히 소개하겠다.

1950년 6월 25일, 한국전쟁이 발발했을 때 나는 서울대 사대 1년생이었다. 우리는 식구들과 함께 서울 근교에 있는 양평의 어느 산속으로 피난을 가서 숨어 있었다. 서울 수복 후에 서울로 돌아와 보니, 집은 폭격으로 없어졌고 많은 친구들이 사망했거나 북으로 납치당했다는 소식을 들었다. 폭격으로 폐허가 된 서울은 그야말로 아비규환이었다. 그 당시 산에 숨어 살면서 하나님께 기도하면서 서언을 했다.

"주님, 제가 이 전쟁터에서 살게 된다면 제 인생을 오로지 주님께 영광을 돌리는 일로 일생을 바치겠습니다."

약하고 병든 자, 나의 도움이 필요한 자, 인권을 잃어버린 자, 즉 '사회정의'(social justice)를 위해 나의 생을 바치겠다는 약속이었다. 그때는 전쟁 중이니 학교보다는 군대에 들어가 나라를 위해 일을 해야겠다고 생각하여 영락교회에 가서 목사님들께 말씀드렸다.

"목사님, 제가 하나님께 영광돌리는 일로 일생을 바치겠다고 서언을 했는데, 지금은 전쟁 중이니 군대에 입대하여 나라를 위해 일을 하고 싶습니다."

목사님들께서 반갑게 환영하시며 나의 이야기를 다 들으신 후에 말씀하셨다.

"지금 나라가 위기에 빠진 것은 사실이지만 꼭 군대에 가는 것만이 나라를 위해 봉사하는 것은 아니고 여러 가지 길이 있습니다."

그때 서울에 부모를 잃고 버려진 많은 전쟁고아들이 생겨 서울시에서 천여 명의 고아들을 데려다가 어느 초등학교 건물에서 돌보고 있었다.

영락교회에 계시던 박윤삼 목사님이 말씀하셨다.

"지금은 전쟁 중이라 학교에 나갈 수도 없으니 큰 언니, 큰 누나로서 여기에 있는 고아들을 사랑하고 돌보는 것이 더 급한 일입니다."

박 목사님은 나를 아이들 있는 곳으로 데려가셨다. 건물 안에는 어린 고아들이 울부짖고 있었다. 나는 다시 생각할 여지도 없이 그 날 당장에 그 아이들을 위해 봉사하기로 결심하고 일을 시작하였다. 오빠에게도 알려 주어 같이 일을 시작하였다.

나는 아이들의 머리를 깎아 주고, 세수를 시키고, 업고 다니면서 밤낮 우는 아이들을 돌보았다. 교실에서 가마니를 깔고 모두 자는데 어찌나 추운지 잠을 잘 수가 없었다. 밤에 자다가 악몽을 꾸고 우는 아이를 업어 주고, 안아 주고, 화장실에 같이 가고, 오줌 싸면 닦아 주고, 옷을 갈아 입혔다. 또한 추운 겨울이라 아이들의 손과 발이 얼어 아프고 피가 나서 어떤 때는 걷기조차 힘들었다. 그러나 항상 기쁘고 감사하게 이 아이들을 위로하고 사랑할 수 있었던 것은 하나님께서 도와주신 것이라 생각한다.

중공군이 개입하여 다시 서울에서 후퇴할 때에 미 공군 헤스 대령(Col. Dean E. Hess)의 도움으로 고아들을 제주도까지 비행기로 수송했다. 그때 나도 함께 제주도로 가서 고아들을 돌보며 지냈다.

"서울사대가 부산에서 다시 개강되었으니 이제 돌아와서 다시 복학하여 공부를 시작하라."

이런 메시지가 담긴 부모님의 편지를 받고, 내가 떠날 것이라는 소문을 듣고 아이들이 울며 매달렸다.

"선생님, 가지 마셔요. 우리는 선생님이 필요해요."

우는 아이들을 차마 두고 올 수 없어서 미루고 미루다가 1년 후에야 겨우 울면서 제주도를 떠나 부산으로 갔다. 그래서 지금까지도 고아나 한국 입양아에 관심이 많아 10만 명이 넘는 해외입양아와 그 가족들이 모이는 단체(KAAN: Korean American Adoptee and Adoptive Family Network)를 돕고 있다.

서울사대를 졸업하고 숭의여학교에서 교사로 재직하고 있을 때였다. 하루는 버스를 타고 용산에서 내려 집에 가고 있는데, 청소년들이 길에서 칼부림하며 싸우고 있었다. 나는 뛰어가서 그 아이들을 말렸다.

"얘들아, 칼을 가지고 싸우면 위험하다. 무슨 일 때문에 다투는지 이유는 모르겠지만 이제 그만 하렴."

그 중의 몇 아이들이 나를 보고 놀라 반가워하며 말했다.

"선생님, 저희들은 제주도 고아원에 있었는데 너무 배가 고프고 재미가 없어서 도망 나왔어요."

"그랬구나. 그동안 너희들도 자라고 얼굴이 많이 변해 알아볼 수 없구나. 하지만 정말 반갑다. 그렇지만 이렇게 또래 친구들하고 싸우고 살면 안 되지. 내가 너희들을 어떻게 도와주면 좋겠니?"

"저희들도 학교 교복을 입고 배지를 달고 공부하고 싶어요."

"그렇구나. 지금은 어떻게 지내고 있니?"

"저희는 밤에는 정거장에 가서 자고, 배가 고프면 굶기도 하고, 참을 수 없으면 어쩔 수 없이 훔쳐서 먹기도 해요."

그 아이들의 이야기를 듣고 나는 너무 가슴 아프고 안타까웠다.

나는 그 날 집으로 돌아와서 가족들과 의논하고 우리 친구들과도 의논을 했다.

"전쟁 때문에 부모를 잃은 고아들이 굶주리면서 길거리에서 배회하는 것이 너무 가엾어 보여요. 할 수 있다면 야간 직업학교를 시작하고 싶습니다."

"그것 참 좋은 생각이다. 우리도 기꺼이 동참할게."

오빠, 동생, 교사 친구들, 의과 대학생, 선배, 후배들 약 20명이 자원 봉사를 하기로 하고 준비를 시작하였다.

그리고 그 지역 국회의원이었던 황성수 의원과 경찰서장을 방문하여 나의 계획을 설명했다.

"길에서 배회하는 고아들을 위해 야간직업학교를 열고 싶습니다. 저희를 좀 도와주시겠어요?"

"젊은이들이 그런 훌륭한 뜻을 세우다니 장합니다. 우리도 적극적으로 돕겠습니다."

황의원의 배려로 자유당 사무실 건물을 무료로 쓰게 되었다. 그뿐 아니라 직접 나와 함께 용산의 공장들을 방문하여

사장들을 설득하는 데에도 힘을 보태 주셨다.

"사장님, 길에서 배회하는 아이들에게 야간직업학교를 세워 공부할 기회를 만들어 주고 싶습니다. 아이들을 몇 명씩 공장에서 낮에는 기술을 가르치고, 먹고 잘 수 있게 해 주고, 밤에는 우리 학교에 나와 공부할 수 있도록 협조해 주시겠어요?"

"좋습니다. 저희도 적극적으로 협조하겠습니다."

얼마나 고마운 일인지 모르겠다. 그래서 용산직업학교가 시작되었다. 한미재단과 각 중고등학교가 앞장서서 도와주었다. 부모님께서는 재정적인 도움을 주셨고, 선배와 후배들은 낮에는 각자의 일을 하다가 밤에 와서 아이들을 가르치는 무료 봉사를 기쁨으로 하였다. 신문 잡지에서도 잘 보도해 주어 이 학교가 많이 알려지고 많은 사람들이 이 학교에 관심을 가지고 도와주었다.

용산직업학교는 국회의원의 도움으로 국유지를 얻어 학교 건물을 짓고(기숙사, 공장, 중고등학교 등) 확장하기로 하고, 또 정부의 도움으로 미 8군과 한미재단 등의 후원을 받아 건축을 시작하려는 큰 꿈을 갖고 준비하고 있었다. 그리고 많은 비용을 들여 설계도 하였다. 그러나 4.19 혁명으로 이승만 정부가 무너지는 바람에 모든 계획이 수포로 돌아갔다. 민주주의의 발전을 위해서는 잘 되었지만 우리의 꿈과 계획은 큰 타격을 받았다.

그 무렵, 당시 미국에서 유학하고 있던 지금의 내 남편으로부터 청혼을 받았다. 나는 학교를 정부에 맡기고 도미하기로 결정했다.

처음 미국에 왔을 때, 도움을 많이 주신 미국 할머니 한 분이 계셨다. 같은 교회에 다니는 친절한 할머니 지넷 톰슨(Ms. Jeanette Thompson)의 집에 세를 들어 살면서 그분의 사랑과 지도로 빨리 미국을 배우게 되었다. 나를 마치 친딸처럼 스스럼없이 대하며 많은 것을 가르쳐 주셨다. 아들 하나, 딸 둘을 두신, 거의 80살이 된 그 할머니는 남편이 돌아가시고, 혼자서 살았다. 그런데 그의 외아들이 2차 대전 때에 어느 태평양의 섬에서 전사하여 매우 슬퍼하며 외롭게 살고 있었다.

그때 남편이 될 루크(Luke)가 그의 집에 방을 얻어 살고 있었다.

"때로 루크가 내 아들처럼 보여요."

그 할머니는 종종 루크에게 식사도 해 주고 한 가족 같이 대했다. 내가 결혼하러 미국에 왔을 때에도 그 할머니는 나를 마치 자신의 친딸 같이 다정하고 친절하게 대해 주었다. 그 할머니는 나에게 미국 생활에 필요한 모든 것들을 가르쳐 주었다. 장을 볼 때에는 세일하는 것만 골라서 시장보기, 옷감 사서 자기 옷을 만드는 것부터 모든 것을 만들어 쓰기, 청소하는 법, 크리스마스, 추수감사절, 부활절 등 미국 명절 음식 만들기, 오븐, 세탁기 사용법 등 나는 모든 것을 짧은 시간에 배울

결혼식 사진(1962년, 버펄로, N.Y)

수 있었다.

　1년이 지난 후, 남편이 캘리포니아에 좋은 직장이 생겨 이사를 하게 되었다. 우리는 차로 운전하여 미국을 횡단하였다. 캘리포니아에 오다가 일리노이 주(Illinois)에서 차가 눈에 미끄러져 언덕 밑으로 처박혀 어려운 일을 당했다. 높은 산악지대라 인적이 없고, 캄캄하고, 추웠다. 몇 시간 후에 제설차가 와서 차를 끌어 올리고 우리를 구해 주었다. 나는 그때 큰 아이를 임신했을 때라 많이 걱정을 했으나 후에 아기가 건강하게 잘 출생해 감사하게 생각했다.

신혼여행으로 뉴욕에 가서 엠파이어 스테이트 빌딩에서 찍은 사진.(1962년)

떠날 때는 춥고 눈보라 치는 곳이었는데 캘리포니아의 배카빌(Vacaville)에 도착하니 꽃이 만발한 따뜻한 봄이었다. 동양인도 많고 날씨도 아주 좋았다. 큰 아들 데이비드(David)를 키우면서, 동네 친구들과 여러 가지 정보도 교환하고 교회(미국장로교회) 생활도 재미있었다. 2년 후에 둘째 다니엘(Daniel)이 생겨 두 아이의 엄마로서 아주 바쁘게 지내며 많은 것을 배우고 보람 있게 지냈다.

친구 집에서 중학교 교장 부부를 만나 친구가 되었다. 그 교장 선생은 나에게 관심을 갖고 물었다.

"한국에서는 무슨 일을 하셨습니까?"

"네, 여자고등학교에서 교사로 있었습니다."

"정말입니까? 캘리포니아에서는 교사들이 너무 부족합니다. 우리 학교에서도 좋은 교사를 찾고 있습니다. 부인께서도 주 교육부에 교사 자격증을 신청해 보십시오."

며칠 후 교장 선생님은 신청서를 가지고 우리 집으로 오셨다.

"저도 가르치고 싶지만 영어 실력이 부족해서 자신이 없습니다."

"그것은 걱정하지 마시고 신청해 보세요."

교장 선생은 나에게 계속 신청서를 낼 것을 권했다. 그 당시 나는 영주권은 받았으나 시민권은 없었다. 주 교육국에서는 서울 사대의 성적표, 졸업증명서, 한국의 고등학교 교사 경력을 모두 100% 인정하고 크레디트(credit)를 주었다.

"미국 헌법과 영어 시험에 합격하고 앞으로 미국 시민이 되겠다는 약속만 하면 교사자격증을 발급해 드리겠습니다."

그대로 모든 절차를 거쳐 유치원부터 12학년까지 가르칠 수 있는 임시 자격증이 나왔다. 그래서 나는 경험을 얻기 위해 초등학교에서 대리 교사(Substitute Teaching)로 시작하여 가끔 학교에 나가 가르쳐 보았다. 가르치는 것을 워낙 좋아했기 때문에 큰 어려움 없이 가르칠 수 있었다.

남편 루크는 캘리포니아에서 의사면허증(medical license)를 받기 위하여 외국 의과대학 졸업생에게만 요구하는 기본 과학 시험을 보고 인턴십(internship)을 다시 해야 했다. 뉴욕에서 이미 모두 마쳤지만 캘리포니아에서는 따로 요구했기 때문에 다시 1년을 더 해야 했다. 외국에서 온 의사들이 모두 겪는 어려움이었다. 그리하여 우리는 샌프란시스코(San Francisco)로 옮겨 루크가 그곳에 있는 마운트 자이언 병원(Mt. Zion Medical Center)에서 인턴을 시작했다. 월급이 백 달러($100)라 가족의 생활비로는 턱없이 부족했다. 그 당시 집세가 백 달러였다. 그때는 서울의 가족들에게도 조금씩 도와야 할 형편이었다.

우리는 살기가 너무 어려워 내가 학교에 교사로 취직하려 했었다. 한 학교에 면접을 하러 갔는데 교장 선생님이 내 이야기를 듣고 충고해 주었다.

"지금 부인께서는 아이들이 어리고, 아이들에게 엄마가 꼭 필요한 때이니 집에서 아이들을 키우는 것이 더 중요합니다. 생활비는 병원에서 빌려 쓰십시오."

그래서 아이들이 자랄 때까지 집에서 아이들을 돌보았다. 교장의 충고에 대해 지금까지도 감사하게 생각한다. 생활비는 병원에서 대출을 받아 썼는데, 갚는 데 15년이 걸렸다.

샌프란시스코에서의 생활은 배카빌에서 보다 복잡했지만 한인감리교회도 있고 한인 학생들도 많이 있어서 좋았다. 우리 가족은 송정률 목사가 시무하시는 상항감리교회에 다녔다.

그런데 이 교회에는 주일학교가 아직 없어 어린 아이들이 부모들과 같이 예배를 드리니 지루하고 힘들어 보였다. 나는 목사님과 의논한 후 선생님들을 모아 주일학교를 시작하였다.

루크는 인턴십을 끝내고 나파 주립 정신병원(Napa State Hospital)에서 1년 반 동안 정신과 레지던트 훈련을 마쳤다. 레지던트 훈련을 마치고 1968년에 샌 루이스 오비스포(San Luis Obispo)로 이사하게 되었다. 남편이 그곳의 주교정국 소속 병원에서 2년간 근무하는 동안 나는 캘리포니아 주립대학(California State Polytechnic University, San Luis Obispo)에서 상담학과 아동발달학으로 교육석사 학위를 받았다. 그때 한국의 친정어머니가 오셔서 4살, 2살짜리 아이들을 키워 주시고 살림까지 맡아 주셨다. 일제 강점기 때 평양신학교를 나오신 어머니는 교회일과 자녀들, 손자들 키우시는 일에 사랑과 희생으로 일생을 바치시고 2001년에 92세로 로스앤젤레스에서 돌아가셨다.

내가 1969년 12월에 공부가 끝나자 남편 루크가 배카빌로 돌아가게 되어 데이비스(Davis)에 첫 집을 사고 이사하였다. 데이비스는 대학촌이라 진취적이고 문화적인 소도시이다. 나는 욜로 카운티(Yolo County)의 헤드 스타트(Head Start) 프로그램(저소득층 어린이를 위한 취학전 교육 프로그램) 책임자로 있으면서 데이비스 가주대학(University of California, Davis)의 계속교육반(Continueing education)에서 부모를 위한 아동교육 과목을 가르쳤다. 남편과 나는 미국연합장로교회의 장로로 소속교회, 노회, 총회의 여러 분과위원에 참여하여 활동하였다. 데이비스에 살고 있을 때 나는 새크라멘토 한인회 회장으로도 봉사하였다.

가족사진, 1985년, 왼쪽으로부터 성우, 저자, 그레이스, 성철(장남)

22. 인종관계 개선에 앞장선 그레이스

그레이스는 탁월한 미모와 대화기술, 외향적인 성격 등으로 어려서부터 지도자적 자질을 보여 주었다. 데이비스 고등학교에서는 필수과목으로 성교육, 스트레스 관리, 건강관리, 재정관리, 시간관리, 감정관리 등 여러 가지 생활에 필요한 관리방법을 가르쳤다.

데이비스 고등학교에서 한 백인 학생이 베트남 학생을 살해한 사건이 있었다. 이 사건이 인종혐오범죄로 판결이 났다. 그레이스는 종합교육 구내의 모든 학교와 시청 안에 인종관계위원회(Human Relations Committee)를 설치하도록 요구하였다. 시 의회와 교육구는 이 제안을 받아들여 법으로 공포하였다. 이 법으로 모든 학교가 인종관계위원회를 조직하여 인종관계를 개선하고, 인종혐오범죄의 예방책을 만들게 되었다. 그레이스는 각 학교를 방문하여 이 법이 잘 시행되도록 세미나 교육프로그램 등을 실시하였다. 그 이후에 데이비스 고등학교에 "Friendship Day"를 정하여 인종관계의 개선을 도모하였다. 이때 그레이스는 새크라멘토 한국학교 교장을

실비치 다문화 페스티벌 프로그램 표지

역임하였고, 그 지역한인회 회장으로도 봉사하였다. 한인 1.5세와 2세들의 전국 조직인 한미연합회 이사, 그리고 후원자로 26년간 도우면서 새 세대 지도자 양성에 힘을 썼다.

그레이스는 지역교회의 장로로서 활약했고, 미 연합장로교총회의 여러 위원회에서도 많은 활동을 하였다. 1970년대에 미국연합장로교 소속 한인교회가 350개가 있었다. 그레이스는 총회 협조위원회(Korean American Consulting Committee of Presbyterian Church USA)의 의장으로 총회 소속 한인교회들의 교역자 평생교육, 주일학교 교재 출판, 한영찬송가 출간 등의

아내 그레이스가 시작한 실비치 다문화축제 준비위원들.
앞줄 왼쪽부터 네번째가 그레이스

사업을 돕는 일을 하였다.

    일본계 마이크 혼다가 주 하원의원이었을 때 그레이스는 그와 함께 위안부 문제로 같이 일하면서 가깝게 지냈다. 혼다 의원은 후에 연방 하원의원으로서 연방의회 차원에서 위안부 문제에 대한 법안들을 통과시켰다. 혼다 의원은 또 연방법으로 "한국의 날"을 제정하여 선포하게 하는 데 앞장섰다.

    또 그레이스는 주 상하원 의원으로 출마하는 후보자들의 인종문제에 대한 성향을 조사하여 소수민족의 권리에 호의적인 후보자를 도와 선거운동을 하는 소수민족연합체를 결성 운영하였다. 메리 정 하야시(Mary Chung Hayashi)가 하원의원으로 출마했을 때, 많이 도와주어 첫 여자 한인 하원의원으로 당선되었다.

남가주 실비치 은퇴촌으로 이사 온 이후에도 그레이스는 이 곳 한인회 회장으로 봉사했고, 다문화축제를 4년 전에 시작하여 매년 실시하고 있는데 이 행사는 이 지역 커뮤니티에 많은 지지와 환영을 받고 있다. 이와 같은 활발한 봉사활동을 인정받아 그레이스는 2002년 한국정부로부터 동백장을 수상했다. 다음에 있는 악보는 내가 샌프란시스코에 온 후 인턴을 다시 하면서 이 일이 너무 힘들어 향수에 빠진 감정을 표현하여 내가 작사와 작곡을 한 곡이다.

80세 생일 때 사랑하는 아내 그레이스와 함께

23. 정신과 의사와 학자의 길

1970년에 나는 배카빌에 있는 주 교정국 정신병원에서 연구실장으로 취임했다. 그 당시 배카빌 정신병원은 미국에서 최고의 정신치료 및 재활센터로 법의학계에서 크게 인정을 받고 있었다. 그래서 미국과 세계 여러 곳에서 법의학 관계 학생, 연구원, 의사들이 단기간 연구와 훈련을 위해 많이 방문하였다. 같은 때 나는 나파주립병원의 정신의학부와 함께 가주 교도국의 정신과 레지던트 프로그램을 개발하여 책임을 맡게 되었다. 이 프로그램이 성공적으로 실시되어 지금까지도 계속되고 있다.

내가 교도국의 정신과 주임이 되었을 때 당시 유명했던 중범 찰스 맨슨(Charles Manson), 대통령 후보 로버트 케네디를 살해한 서핸 서핸(Sirhan Sirhan), 30명 이상의 농장노동자를 살해한 완 코로나(Juan Corona) 등 강력범들의 정신 상태를 분석 평가하고 심리요법을 실시하였다. 하버드 대학의 심리학 교수로 있던 LSD의 선도자 티모시 리어리(Timothy Leary)가 마약범으로 실형을 받아 교도소에 있었는데 내가 그를 3년간 연구 조교로 썼다. 그는 나에게 앞으로 사람들이 가서 살 외계 우주의 세상에 대한 이야기를 자주 했다. 그는 시대를 앞서가는 몽상의 사람이었다.

같은 때 나는 데이비스의 가주의대 정신과 임상교수로 있으면서 임상심리학과 법의학에 관한 세미나를 많이 하였다. 당시의 그곳 주임교수였던 조 튜핀(Joe Tupin)과 함께 폭력적 정신병환자를 대상으로 치료약 리티움 카보네트(Lithium Carbonate)의 효능에 대한 초창기 연구를 실시하였다. 그때 내가 쓴 논문인 "미주한인의 정신치료"(Psychiatric Care of Korean-Americans)는 그 후 미국 다문화 정신의학 분야에서 기본적 독서목록이 되고 있다.[19]

이후 한국 사람들의 사고방식과 행동양식(Korean Ethos)을 이해하는 데 도움이 되는 한국인의 '정,'한,'체면,'눈치,'팔자,그리고 '멋' 등에 관한 논문을 많이 발표하여 미국 정신의학계로부터 인정을 받았고 여러 번 상도 받았다. 그중에 미국정신의학협회에서 일 년에 한 사람씩 뽑아 상을 주는 Kun-Po Soo Award(Asian American Award)를 1997년에 받은 것이 나에게는 학자로서 가장 보람 있게 생각된다. 나는 1979년에 한미한인정신과전문의협회(Association of Korean American Psychiatrists)를 창설하고 600명 멤버의 초대회장을 지냈는데 이 협회는 지금도 계속

---

19) Luke I. C. Kim, "Psychiatric Care of Korean Americans", in Albert C. Gaw, ed. Culture, Ethnicity and Mental Health. London: American Psychiatric Press, Inc. 1993. Pp. 347-376.

되고 있다.

또 미국정신의학회 아시안 아메리칸 분과에서 발행하는 《Asian American Psychiatric News》의 편집장을 5년 간 했다. 이와 같은 추세와 함께 미국정신의학협회(American Psychiatric Association)의 정신과 전문의 자격 소위원회에서는 다문화정신의학 과목을 정신과 레지던시 프로그램의 필수과목으로 설정하게 되었다. 지금은 미국에서 정신과 전문의가 되려면 누구나 이 과목을 택하여야 된다.

내가 문화정신의학(Cultural Psychiatry)에서 강조한 점은 어떻게 하면 동양과 서양의 가치와 문화적 차이와 공통점을 이해하여 이를 정신의학 분야에 적용하느냐 하는 것이었다. 과거의 미국 정신병 치료에 대한 연구는 주로 백인들의 경험에 의한 것이었기 때문에 백인이 아닌 사람들의 우울증이나 그 이외의 정신질환을 진단하고 치료하는 데에 상당한 제한이 있었다. 나는 아시안 아메리칸 정신의학자로서 우선 동양의 독특한 가치나 사고방식 그리고 문화적 특성을 연구하여 이를 정신질환의 진단과 치료에 적용할 수 있는 제도적 장치를 만들고자 노력하였다.

예를 들면 우울증에 걸린 한국 환자가 미국 정신과 의사에게 와서 제일 처음 진단과 검사를 받을 때 만일에 그 미국 정신과 의사가 한국환자에게 물어보기를 "당신은 우울하거나 슬프거나 모든 것이 귀찮아서 죽고 싶습니까?"라고 물어본다면 한국환자는 "아닙니다."라고 대답하는 경우가 많을 것이다. 그러나 미국 정신과 의사가 다문화 정신의학에 훈련을 받았다면 그 환자에게 "당신이 일생 동안의 가장 큰 한이 무엇입니까?"라고 물어볼 것이고, 그 환자는 자기가 가지고 있던 한에 대해서 쉽게 이야기할 경우가 많을 것이다. 이런 식으로 각 민족의 독특한 정서나 사회관에 대해서 알면 심리요법도 잘 되고 또 환자는 정신과 의사에 대해서 자기의 심정을 잘 알아 준다는 믿음을 갖게 되어 그 의사와 환자의 관계가 더 가깝고 풍부한 대화를 나누면서 효과적인 치료를 하게 될 것이다.

'Cultural Psychiatry'는 비교적 새로운 분야의 정신의학이기 때문에 거기에 대한 정확하고 적절한 한국어 단어가 없다. 'Cultural Psychiatry'를 직역하면 '문화정신의학'이나 '문화적 정신의학'으로 번역이 되는데, 사실은 '다민족, 다문화를 비교 연구하여 그 지식을 임상적으로 응용하자는 것'이 정확하게 표현된 전문적 '정의'(definition)이다. 그리하여 이 책에서는 '다문화 정신의학'이라는 단어를 사용하였다.

다문화 정신의학은 환자의 독특한 전통문화, 종교, 관습, 가치관, 사고방식, 대화방법 등에 대해서 훈련을 받는다. 한국 사람들의 경우에는 대인관계에서 정과 한이라는 개념이 강한데 정이나 한이라는 단어에 직역되는 영어단어가 없어서 설명으로밖에 표현할 수가 없다. 예를 들면 미국 사람들은 애정표현이 직접적, 능동적이며 진취적이고 조건적이면서 개인간의 경계선이 뚜렷한 데 비해 한국의 정은 더 간접적, 수동적이고 내성적이지만 상대를 위한다는 개념이 강하다. 따라서 미국 사람들의 사랑은 첫눈에 빠지는 경우를 얘기할 때가 많지만 한국의 정은 시간을 두고 갖게 되는 유대를 말한다. 지면상의 제한 때문에 정이나 한에 대한 자세한 개념과 설

명은 여기에 못하므로 내 논문을 참고하길 바란다.[20]

---

[20] Luke I. Kim, M.D., Ph. D. "Korean Ethos." The Journal of Korean Americam Medical Association Volume 2, Number 1. 1996 Pp. 13-23

저자의 집에서 찍은 가족사진. 앞줄 오른쪽부터 Jannet(둘째 Danny의 처), Jaffrey(Danny의 첫 아들), Luke(Danny의 둘째 아들), Jaisohn(David의 아들), Tessa(David의 딸), Julie(David의 처), David(첫째 아들), 저자, Grace, Danny(둘째 아들)

24. 이철수 사건의 진실

　내가 이렇게 소수민족의 정신의학에 관해 관심을 갖고 연구하고 있던 1973년 6월 3일 샌프란시스코 차이나타운에서는 살인사건이 발생하였다. 이때에 차이나타운에는 갱들의 충돌에 의한 살인사건이 자주 일어나 경찰이 신경을 곤두세우고 있었다. 시장 등 정치인들은 경찰국장에게 압력을 가하여 빨리 범인을 잡으라고 독촉을 하였다. 경찰은 한인청년 이철수를 범인으로 지목하고 체포하여 재판에 넘겼다. 1심과 2심에서 모두 혐의가 인정된 이철수는 선고를 받고 교도소에 있었다. 교도소에 있던 중 이철수는 우연히 백인 갱과 라틴계 갱 사이의 싸움에 말려들게 되었고 또 다시 살인범으로 몰려 사형수가 되어 샌 퀸틴(San Quentin) 감옥의 데스롤(death roll)에서 사형집행을 기다리고 있었다.

　이때에 샌프란시스코 정신건강센터 등 봉사기관에서 일하던 젊은 봉사자들이 데이비스에 있는 우리 집에서 수영파티를 하게 되었다. 이 모임에서 이 사건에 대한 이야기가 나왔다. 우리 내외가 이

저자가 이철수 구명할 때 이철수에 대한 판화를 새겨
크리스마스 카드를 만들어 모금운동을 했던 작품. 1981년.

사건에 대한 내용을 처음으로 자세히 알게 되어 새크라멘토 지역의 이경원, 유재건, 데이비드 루 등 커뮤니티 활동가들을 우리 집에 초대하고 이 사건에 대해 의논하였다. 이 모임에서 이철수구명전국후원회가 발족되었다. 회장에 유재건 씨, 그리고 부회장에 나의 아내 그레이스가 선출되었다. 이 날이 1978년 3월 4일이다.

이경원, 유재건, 그리고 그레이스 김은 이철수 운동의 삼총사라 불렸다. 이경원 씨는 아시안 아메리칸(Asian American) 초창기에 미국 주요신문에서 조사보도기자(investigative reporter)로 활약하였고, 퓰리처상(Pulitzer Award)의 후보로 여러 번 선정되었으며, 뉴지엄(Newseum, 뉴스박물관, Hall of Fame for News Reporters)에서 동양사람 중 유일하게 영향력 있는 언론인으로 선출되어 '아시안 아메리칸 언론인의 대부(Dean of Asian American Journalism)'라 불린다. 유재건 씨는 연대에서 국제정치학 학사와 석사를 받고 미국으로 유학하여 BYU에서 사회학 석사, 워싱턴 주립대학에서 사회학 박사과정을 거쳐 UC 데이비스에서 법학 학위를 받았다. 귀국하여 경원대학 학장을 역임하고 15대, 16대, 17대 국회의원으로 서울 성북구에서 선출되었다. 국회에서는 국방위원장, 국제의회연맹(IPU) 집행위원을 역임하였고, 현재는 월드비전에 이사로 일하며 기독교 방송국에서 활약하고 있다.

새크라멘토의 《새크라멘토 유니언》(Sacramento Union) 신문기자로 있던 이경원 씨는 이철수 사건과 관련된 모든 수사기록과 재판기록을 4~6개월 동안 꼼꼼히 조사하여 이철수가 무죄라는 것을 확신하였다. 그는 이 사실을 "혼동으로 잘못 잡힌 차이나타운의 소년"(A Case of Mistaken Identity in Alice Wonderland)라는 제목으로 신문에 연속 보도하였다. 이후 재판과정의 부당성이 세상에 알려지게 되었다. 이 기사를 읽은 많은 사람들이 분개하여 들고 일어났다. 특히 하버드, 예일, UC 버클리 등 대학 캠퍼스와 한인 커뮤니티에서 이 사건에 대한 재판이 불공정하고 이철수가 억울하게 형을 받았다는 여론이 조성되었고 후원회가 전국 여러 곳에서 동시다발적으로 결성되었다.

특히 유재건 씨와 그레이스가 전국 각 지역 다민족교회와 단체를 방문하며 이철수 사건을 알리고 모금운동을 하였다. 그 당시 모두 17만 달러가 모금되었다. 이철수 씨는 다시 재판을 받고 무죄가 확정되어 감옥에서 1983년 8월 24일 '즉시 석방명령'을 받았다. 그때까지 수많은 한인봉사자들이 5년 6개월 동안 봉사하였다. 이 사건이 아시안 아메리칸 커뮤니티가 연합해 활동을 하면 효력을 발생할 수 있다는 것을 보여 준 계기가 되었고, 한인사회의 1세, 2세, 3세가 힘을 모으면 큰일을 할 수 있다는 것을 보여 준 역사적인 계기가 되었다.

25. 나의 은퇴와 정신과 석좌교수 설치

나는 2006년에 가주 데이비스 의과대학에서 35년간의 임상 정신과 교수직을 은퇴하였다. 그래서 나는 내가 이 학교에서 시작하여 전국적으로 보급이 된 다문화정신의학 프로그램이 은퇴 후 어떻게 될 것인지에 대하여 정신의학과 주임교수와 의논을 하였다. 그는 석좌교수 자리를 설정하면 이 프로그램이 계속 유지 발전될 수 있는데 그렇게 되었으면 좋겠다고 말하였다.

나는 그레이스에게 석좌교수 설정에 관한 이야기를 했다. 그때는 우리가 은퇴 후 데이비스의 집을 정리하고 기후가 좋고 친척과 친구들이 많이 있는 남가주로 이사를 하려고 준비하던 중이었다. 집을 팔고 남가주 실비치 레저월드(Seal Beach Leisure World)에 조그마한 집을 하나 마련했는데 25만 달러가 남아 있었다. 우리는 이 돈을 학교에 기증하기로 했다.

학교 당국에서는 깜짝 놀라 당장 1백만 달러의 매칭 펀드(matching fund)를 내놓고 다문화정신의학 석좌교수(Luke

다문화정신의학 석좌교수로 프랜시스 루 교수가 선정되어 2009년부터 일하고 있다.

and Grace Kim Endowed Professorship in Cultural Psychiatry) 자리를 설치하였다. 이어 인사위원회(Search Committee)가 발족되었고 전국적으로 석좌교수 선발광고를 냈다. 동부의 하버드, 예일, 조지 워싱턴 등 일류대학에서 경험을 쌓은 유능한 교수들이 지망하였다. 많은 지원자 가운데 3년 동안의 선발 과정을 거쳐 샌프란시스코 가주의대(University of California, San Francisco) 교수로서 다문화정신의학계의 권위자로 전국적 명성을 갖고 있는 프랜시스 루(Francis Lu) 교수가 선정되었다. 현재 루 교수가 이 학교에서 이 프로그램을 이끌고 있다. 아시안 아메리칸으로서 유능한 루 교수가 석좌교수로 선정된 것에 대하여 대단히 기쁘고 만족스럽게 생각한다.

26. 맺는 말

한 사람의 일생에 있어서 무척 중요한 시기인 유년기와 청년기를 나는 한국의 급격한 변화와 혼란 속에서 고난을 겪으며 자랐다. 일본의 36년 식민정치, 제2차 세계대전, 한국의 분단, 북한의 공산당 독재정치, 남한에서의 6.25 한국 전쟁 등의 급격한 변화는 극심한 사회적 혼란을 야기시켰고, 나의 모든 생활과 가치관을 혼돈스럽게 했다.

그럼에도 불구하고 내가 지금까지 생존하고 더 굳세게 살 수 있었던 것은 하나님에 대한 믿음, 가족의 사랑, 이웃과 친구들과의 나눔의 정, 음악에 대한 애정, 그리고 나의 강한 생존력 때문이라고 생각한다. 내가 음악에 애착을 가지는 이유는, 나의 강한 생존력에 음악이 많은 도움이 되었다고 생각하기 때문이다. 내 인생에 음악이 없었다면 메마르고 우울한 감정을 극복하지 못했을 것이다.

80년이라는 나의 긴 일생을 되돌아 생각해 볼 때, 많은 고생과 곡절로 가득 찬 일생이었지만, 이만큼 사회봉사와 전문분야에서 공헌할 수 있었고, 또 우리 두 아들이 아무 사고 없이 잘 자라 좋은 가정을 이루고, 그들이 건강하고, 신앙으로 착실하게 살아가고 있는 것에 대하여 하나님께 감사를 드린다. 하나님께서 우리들을 보호하시고 축복해 주신 데 대해 우리는 진정으로 축복받은 가정이라고 생각하며 감사할 뿐이다.

특히 아내 그레이스를 만나 결혼한 것에 대해 감사하고 매우 다행스럽게 생각한다. 우리가 약혼하기 전에 6년 동안 긴 세월을 기다리며 매주 태평양을 건너 편지를 나누던 사랑은 지금도 변함이 없다. 그렇게 오랜 세월을 기다렸던 보람으로 우리는 서로를 사랑으로 격려하며 인생의 동반자로 또 같은 생의 목적과 가치를 가진 동지(comrade)로서 긴 여정을 함께 할 수 있었다. 이 모든 것이 하나님의 특별한 축복의 섭리가 아닐 수 없다.

김석춘 씨와 같은 참전용사들 때문에 대한민국이 살게 되었고, 지금과 같은 경제대국으로 자랄 수 있었고, 김연아와 같은 대한민국의 스케이팅 선수가 올림픽에서 "피겨 스케이트의 여왕"이라는 칭송까지 받으며 금메달을 딸 수 있었다.

버락 오바마(Barack H. Obama) 미국 대통령은 요즈음 연설할 때마다 자주 한국과 미주한인의 성공담을 예를 들며 미국이 한국 사람들에게 많이 배워야 한다고 말한다. 오바마 대통령의 현직 참모와 보좌관 그리고 내각 고위관료 중에 한국 사람이 많이 있다. 내 큰 아들 데이비드 성철 김(David Sungchul Kim)은 현재 미 연방 교통부 차관보로 충실하게 일하고 있고, 둘째아들 성우

(Danny Sungwoo Kim)는 널리 알려진 컴퓨터회사에서 IT 디렉터로 열심히 일하고 있다.

고국을 떠나 타국에서 오랫동안 살다 보니 한국의 고유한 전통이 얼마나 아름다우며, 음식, 특히 김치, 된장, 고추장에 대한 입맛은 더 깊어지고, 온돌방의 따뜻함 또한 그리워진다. 현재 2백만의 한인들이 미국에 와서 정착하여 각계에서 많은 공헌을 하며 모범 민족 집단으로 자리를 잡을 수 있게 된 것을 생각할 때 새삼 감사한 마음을 갖게 된다.

저자의 장남 데이빗(성철)이 오바마 행정부의 교통부 차관보로 임명되었다.

마지막으로 독자들에게 남기고 싶은 말

나는 지난 6~7년 전에 파킨슨 병(Parkinson's disease)의 진단을 받고 치료를 받고 있다. 나의 증상은 손은 떨진 않지만 모든 동작, 특히 길음이 늦어지고 균형을 잘 잡지 못해 넘어지기가 쉽고, 목소리가 약해지고 발음이 이상해진다. 이 병의 치료방법은 현재로서는 약으로 병이 더 악화되지 않도록 현상유지하는 방법밖에 없다. 걸음걸이 운동, 요가 등이 중요한 치료의 한 부분이다. 그리하여 이 책을 쓰는 데 매우 힘이 들었었다. 유의영 교수의 격려와 많은 도움, 그리고 아내 그레이스가 나의 모든 일에 대해서 보살펴 주지 않았더라면 이 책의 출판이 거의 불가능했었다. 이 책의 출판에 대하여 두 사람에게 특별히 감사하게 생각한다.

할아버지의 80세 생일 파티에 모였던 네 손자손녀들.
왼쪽부터 Jaisohn, Jeffrey, Luke, Tessa

손자 Jeffrey와 Luke의 화랑도 시범

저자 김익창(Luke I.C. Kim)의 약력

1930. 4. 22: 평안북도 신의주에서 출생.

1943: 평북 정주 오산중학교 입학.

1945: 해방 후 신의주 동중에 편입.

1946: 월남하여 서울고등학교에 편입.

1949: 서울고등학교 졸업. 서울대학교 문리과 대학 의예과 입학.

1950-52: 해군에 입대, 후에 학창 복귀 제대.

1956: 서울의대 졸업, 미국 유학.

1960: 애리조나대학 임상심리학 박사학위 취득.

1961-67: 뉴욕주 Buffalo에서 임상심리학 포스트닥휄로우, 그리고 NewYork 주 Buffalo(Buffalo State Hospital & U of Buffalo)에서 정신과 레지던트를 시작하고, 후에 캘리포니아의 Napa State Hospital과 Vacaville Medical Facility에서 공동정신과 레지던트 훈련을 완수함.

1967-97: Vacaville Medical Facility의 Chief of Research and Staff development. 후에는 Chief Psychiatrist로서, 캘리포니아주 교도국에 속하는 Vacaville Medical Facility에서 정신과 과장으로 환자 치료, 연구, 지도.

1977: 미국 정신과 전문의사 Board certified psychiatrist의 자격 취득

1979: 재미 한인정신과 의사협회(Association of Korean American Psychiatrists)를 창설하고 창립회장으로 선출.

1997: 미 정신과 의사협회(American Psychiatric Association)의 "궁포 수 아시아 상"(Kun-Po Soo Award, Asian American Award) 수상.

1971-2006: University of California Davis 의과대학에서 임상정신과 교수로 35년 동안 가르치다가, 2006년에 Clinical Professor of psychiatry로 은퇴.

1974-2006: Yolo Community Mental Health Clinic에서 part-time psychiatrist로 근무.

2006: 데이비스 가주 의과대학(UC Davis School of Medical)에 Luke & Grace Kim Endowed Professorship in Cultural Psychiatry(다문화 정신의학 석좌교수직) 설치.

2006-이후: 데이비스 가주 의과대학 (UC Davis School

of Medicine), 미국 정신과 의사협회 (American Psychiatric Association), 가주 의회(California State Senate and Assembly) 등 여러 사회단체로부터 공로상 수상.

2006: 은퇴 후 남가주 은퇴촌 Seal Beach Leisure World으로 이사하고 계속 후배지도(mentoring)와 사회봉사.

김익창의 저작활동

1970년부터 Sierra Mission of Presbyterian Church, USA의 Oral History 연구위원으로 봉사.

Joe Tupin, Luke I.C. Kim, et al. "Long-term Use of Lithium in Aggressive Prisoners." Comprehensive Psychiatry Vol. 1, No. 14, July/August, 1973.

Luke I.C. Kim, M.D., Ph.D. "Psychosocial Development of Korean American Children", a cheaper in Psychosocial Development of Minority Children. Johnson-Powell, Morales, Yamamoto, J. New York: Brunner-Mazel, 1979.

한인 초기이민 구전 역사책(Korea Kaleidoscope: Early Korean Pioneers in U.S.A., 1982)의 출판위원.

Keun H. Yu, M.D. and Luke I.C. Kim, M.D., Ph.D. "The Growth and Development of Korean-American Children." The Psychosocial Development of Minority Group Children, Gloria Johnson Powello, M.D. ed. New York: Brunner/Mazel, Inc., 1983. Pp. 147-158.

C, Kiefer, Luke I.C. Kim, et. al. The Journal of Gerontological Society of America Vol. 25, No. 5, 1985.

Luke I.C. Kim, M.D., Ph.D. "Psychiatric Care of Korean Americans." Culture, Ethnicity & Mental Illness, Albert C. Gaw, M.D., ed. Washington, D.C. and London: American Psychiatric Press, Inc., 1992. Pp. 347-375.

Seung Duk Cheung, M.D., Luke I.C. Kim, M.D., Published translators from English to Korean of book "Trans-personal Psychotherapy" by

Seymur Boorstein, M.D., "자아초월적 정신치료" Seoul, Korea: Hanna medical Publishers, 2005, Pp 1-279

Luke I. Kim, M.D., Ph.D. "Korean Ethos." The Journal of Korean American Medical Association Volume 2, Number 1. 1996. Pp. 13-23.

W.J. Kim, D. Rue, and Luke I.C. Kim. "Korean American Children", a chapter in Transcultrual Child Psychiatry. G. Johnson-Powell and J.U. Yamamoto. New York: Wiley & Sons Publisher, 1997.

Stanley Sue and Luke I.C. Kim. "Evaluating and Understanding Asian Americans in Forensic Setting." G. Johnson-Powell and J. Yamamoto. eds. New York: Wiley & Sons Publisher, 1997.

Luke I.C. Kim and Grace Kim. "Searching for the Defining a Korean American Identity in a Multicultural Society." Korean American

Woman: From Tradition to Modern Feminism. Young L. Song and Ailee Moon, ed. Westport, Connecticut and London: Praeger, 1998. Pp. 115-125.

Luke I.C. Kim. "The Mental Health of Korean American Women", Korean American Women: From Tradition to Modern Feminism. Young L. Song and Ailee Moon, ed. Westport, Connecticut and London: Praeger, 1998. Pp. 209-223.

Luke I.C. Kim. "To Name Our Feelings: Searching Out Korean Psychology, Ethos and Emotions." Korean Quarterly Vol. 3 No. 4. St. Paul, MN, 2000.

이 외에 다수 학회 발표논문 및 연구보고서.

부록 I

1. 박관옥 여사 이야기
2. 모랫말의 평화를 깬 전쟁(유의영 교수가 겪은 한국전쟁)
3. 한국전쟁 참전용사 김석춘의 전투일지
4. 프랭크 다야크의 이야기
5. 러셀 풀턴의 이야기

1. 박관옥 여사 이야기

"기적의 배"를 탄 박관옥 여사는 6살 때 함께 피난 나왔던 부모를 흥남 부두에서 잃고 헤매다 떠밀려 배를 타고 대구로 피난을 오게 되었다. 대구에 와서도 5-6개월이나 부모를 찾아 헤매다 기적적으로 간신히 만나게 되었다. 부모를 잃고 찾아 헤매던 5-6개월이 어린 여섯 살의 박관옥 여사에게는 얼마나 길고, 큰 시련과 힘든 시간들이었음을 그녀의 눈물의 고백 속에서 느낄 수 있었다.

나는 함흥에서 살았다. 전쟁 당시 내가 살던 곳은 학교 근처였고 대한민국 국군들이 많이 주둔해 있었다. 그래서 나의 어머니는 국군들의 점심을 정성껏 해 드렸다. 군인들이 은혜를 많이 입어서 이남으로 내려가면서 우리 가족을 모두 같이 데리고 가겠다고 약속했다. 어느 날 군인들이 부대가 이남으로 후퇴하는데 그 다음날 우리를 데리러 오기로 약속했다. 그런데 그들은 작전 계획이 변경되어 밤중에 갑자기 떠나서 우리를 데리러 오지 못했다.

우리는 흥남으로 가야만 배를 탈 수 있었다. 흥남부두로 가려면 강을 건너야 했다. 부두로 가는데 북한 인민군들이 총을 쏘면서 도망가는 피난민들을 죽이려 했다. 이 와중에 우리 가족은 뿔뿔이 흩어졌다. 나는 부모님과 헤어져 언니와 함께 따로 떨어졌다. 언니와 나는 흥남부두로 가서 LST라는 배를 타려 했다. 처음에는 군인이 너무 많아서 우리를 배에 못 올라가게 했다. 그래서 언니와 나는 다시 집으로 가서 숨어 있었다.

그런데 우리 집에 자주 오시던 진 대위님이 배를 탈 수 있다는 소식을 갖고 오셨다. 언니와 나는 그분을 따라 부두로 나갔다. 군인들은 우리의 짐이 너무 많다며 다 가지고 갈 수 없다고 말했다. 우리는 옷가지 몇 개만 챙겨서 배에 올랐다. 그때는 사람들이 너무 배가 고파 그냥 바닷물을 떠 와서 먹었는데 어린 나는 물이 너무 짜서 먹을 수가 없었다. 나중에 들은 이야기지만 나의 부모님은 다른 배를 타고 동해안 묵호에서 잠시 섰다가 다른 배로 갈아타고 거제도로 가셨다고 했다.

우리 집에서 항상 식사를 하시던 진 대위님이 부모님을 잃은 언니와 나를 잘 돌봐 주셨다. 언니는 그 당시 16살이었다. 진 대위님은 나와 언니를 너무 귀여워해 주셔서 어디든지 데리고 다니셨다. 그래서 우리는 진 대위님과 함께 직접 전쟁터도 많이 다녔고 전쟁터에서 미군들이 뻘건 피를 흘리며 죽어 있는 것도 많이 봤다. 잔인하고 무서웠던 전쟁터가 어린 내겐 너무 충격적이었다. 지금도 생생하게 그때의 기억을 떠올리면 서늘하고 끔찍하다. 밤에는 항상 어디든 암호를 대고 다녀야 했다. 군인들이 너무 많아서 배식할 때 밥을 삽으로 퍼줬다. 어린 내게 그것은 더러운 밥이었기에 잘 먹지 못했다.

진 대위님은 더 이상 나와 언니를 전쟁터로 데리고 다니는 것이 우리에게 너무 고생이라 생각하시고 대구에 있는 그의 지인에게 보내 주셨다. 대구에 있을 때도 진 대위님이 계속 쌀과 돈을 보내 주셨다. 진 대위님은 우리 자매에게 진정 하나님이 보내 주신 천사였다. 그렇게 대구에서 언니와 내가 하나님의 보호하심 속에 안전하게 있을 때, 거제도로 피난하셨던 아버지께서 두 딸을 잃어버렸다고 그가 아는 군인들에게 편지를 보냈다. 그 편지를 진 대위님이 보시고 아버지께 연락을 하셨다. 그렇게 진 대위님을 통해 부모님과 연락이 닿아 장승포에서 다시 만나게 되었다.

나의 고모부는 일본에서 공부하신 의사이시다. 고모와 고모부가 장승포에 피난을 와 계셨다. 우리가 배를 타고 장승포에 있는 고모 댁에 들렸다가 거제도로 가려고 하는데, 거제도에 계셨던 아버지가 우리를 데리러 대구에 가는 길에 장승포에 오셨다. 그래서 장승포에서 아버지를 만나게 되었다. 아버지를 붙잡고 언니와 나는 너무너무 기쁘고 감격하여 한없이 울었다. 하나님의 인도하심이었다고 생각한다. 5-6개월 만에 만난 부모님이었다. 서로 고생이 너무 많았다.

우리를 다시 찾고 난 다음 어머니는 그 와중에 모든 가족이 다 남으로 피난을 올 수 있었던 것에 너무너무 감사하시며 항상 감사기도만 하셨다. 집에 불이 났는데도 우리 가족이 다 함께 있는 것에 감사하셨다. 어머니는 모든 일에 평생 감사만 하며 사셨다. 우리 어머니는 예수를 안 믿는 가정에서 시집 와서 지금은 너무너무 기도를 많이 하시는 권사님으로 아직도 한국에 살아 계신다. 95세이시다. 장로님이셨던 아버지께서는 돌아가셨다. 할아버지께서는 기독교인이면서 독립운동가셨다. 감옥에 잡혀 가셨다가 해방이 되어 나오시면서 건강이 악화되어 돌아가셨다. 이북에서 아버지가 금방을 하셨다. 그래서 해방되었을 때 금을 많이 가지고 있어서 힘들게 살지는 않았다.

매일 밤 우리는 가정예배를 드렸다. 하루는 밤에 쌀이 없었다. 그래도 그날도 우리는 어김없이 가정예배를 드렸다. 그런데 가정예배를 드리고 난 다음에 보니 문 앞에 쌀가마니가 있었다. 이게 웬일인가 해서 하나님께 감사했는데 나중에 알고 보니 옆집에 살던 다른 가정이 보내 준 것이었다.(그 가정도 매일 찬양 소리가 넘치는 가정이었다) 옛날에 그 집에 쌀이 떨어졌을 때 우리 어머니가 쌀을 나눠 주셨었다. 그 날 그 집에서 쌀을 갚으러 왔다가 우리가 예배드리는 것을 보고 그냥 놓고 갔다는 것이었다. 어머니는 모든 것을 잊고 계셨었다.

"하나님께서 이 가정을 통해 또 우리의 필요를 채워 주시는구나."

어머니는 하나님께 진심으로 감사하셨다. 우리를 잃었다가 다시 찾으신 후 우리 어머니는 모든 일에 하나님께 감사하셨다. 두 딸을 잃었다 찾은 기쁨에 평생을 모든 일에 하나님께 감사하면서 사셨던 우리 어머니를 보며 하물며 잃은 영혼들을 다시 찾으셨을 때 하나님의 마음은 얼마나 기쁘실까 생각해 본다.

2. 모랫말의 평화를 깬 전쟁
   - 유의영 교수가 겪은 한국전쟁

유의영 교수의 경험과 관찰은 한국전쟁의 또 다른 면을 보여 주고 있다. 여기에 유 교수의 한국전쟁 경험을 소개한다.

나 김익창은 당시 20세의 대학 예과 1학년생으로 서울 집에서 숨어 살면서 인민군 점령하의 3개월을 지냈다. 이와 대조적으로 유의영 교수는 전쟁이 나자 가족과 함께 먼 시골로 피난하여 숨어 살았다. 그는 열두 살의 소년으로 위험을 무릅쓰고 서울의 집을 수차 왕래하며 옷가지를 날라 가계를 보탰다. 그래서 유 교수는 서울과 시골 안팎의 상황과 어려움을 경험하고 자세히 관찰할 수 있었다. 유 교수의 이야기;

한국전쟁이 시작되었을 때 나는 열두 살이었고 양정중학교를 입학한 지 1개월도 안 된 때였다. 일요일 아침 주일학교를 마치고 교회마당에서 아이들과 함께 공을 차며 놀고 있었다. 그때 고등부 학생 하나가 집에서 라디오를 가지고 와서 전쟁이 났다는 소식을 들려주었다. 그런데 갑자기 북한의 야크기 편대가 날아와 영등포역으로 향하던 화물차를 공격하였다. 기찻길이 교회 바로 옆에 있었기 때문에 기관총을 갈겨대는 소리가 진동을 쳤다. 나는 친구들과 함께 기겁해서 교회 앞에 있는 우리 집으로 뛰어가 이불을 뒤집어썼다.

사흘이 지났다. 6월 28일 자고 있는데 한강다리를 폭파하는 소리에 모두 놀라 잠이 깨었다. 새벽 2시 30분이었다. 그날 아버지, 어머니, 동생 다섯, 우리 집에서 일을 하던 순돌이 누나, 그리고 연희대 1년생 넷째 삼촌 등 모두 열 식구가 간단히 짐을 챙겨 바로 남쪽으로 피난길을 떠났다. 피난민들과 군인들로 가득 찬 경부가도를 따라 밤과 낮을 꼬박 걸어 수원까지 갔다. 우리 쪽 비행기가 잘못 알고 수원비행장을 폭격하여 사람들이 죽었다는 소문이 돌았다.

우리 일행은 수원에 있는 어느 교회에서 잠깐 쉬었다. 예배당 안팎이 피난민들로 가득 찼다. 안성 주례에 어머니 육촌오빠가 살고 계셨는데 그쪽으로 가자고 하여 우리는 용인 쪽으로 빠졌다. 밤낮을 걸어 용인읍까지 갔는데 인민군이 들이 닥쳤다. 밤새도록 인민군과 아군 사이에 전투가 벌어졌다. '따꿍따꿍, 타다다닥, 꽝' 하는 소총소리, 기관총소리, 포탄 터지는 소리가 계속되었다. 총소리는 새벽이 되어 잠잠해졌다. 두어 시간 기다리다가, 우리가 대피했던 예배당 뒤 굴속에서 나왔다. 예배당은 높은 언덕 위에 있어서 동네가 내려다 보였다.

어른들 몇 사람과 함께 예배당 앞마당으로 나가 동네 상황을 살폈다. 저 밑에 밭 사이로 군인들이 총과 장비를 메고, 대포가 달린 수레를 끌고. 드문드문 사이를 두고 종대를 만들어 이동하고 있었다. 우리는 그들이 국군인지 인민군인지 구분을 할 수 없었다. 그들은 언덕 위에 갑자기 나타난 우리를 보고 섰다. 잠시 후 그중 한 군인이 앉아 총 자세로 총구를 우리에게 겨누었다. 우리들은 기겁을 해서 다시 굴속으로 뛰어 들어갔다.

한 시간 남짓 지난 것 같은데 굴 입구에서 번개치는 소리가 났다. 총소리였다.

"모두 손을 들고 나오라."

호령을 듣고 다들 손을 들고 나오는데 인민군 네댓 명이 총구를 우리들에게 향하고 동네 여자 한 사람과 굴 밖에서 기다리고 있었다. 그들은 우리를 동네 한 가운데 있는 기와집으로 데려갔다. 그곳에는 인민군들이 앉아 총을 닦으며 쉬고 있었다. 동네 여자들 몇 명이 그 집 뒤주에 있던 쌀과 반찬거리를 챙겨 아침밥을 짓고 있었다. 인민군들이 다른 곳에서도 사람들을 데려 왔다.

그들은 남자 어른들을 따로 떼어 심사를 하였다. 삼촌은 연희대 신분증을 보여 주니까 조사하던 인민군 장교가 반갑게 말했다.

"연희대학생이시군요. 나는 고려대학교에 다녔습니다."

그는 삼촌을 돌려보내 주었다. 어떤 젊은 사람 하나는 인민군이 권총을 들이대고 다그쳤다.

"너 경찰이지?"

"아닙니다. 정말 아닙니다."

젊은이는 겁에 질려 벌벌 떨면서 대답했다. 동네 사람들이 그 젊은이에 대해 증언을 해 주었다.

"그 사람은 동네에서 트럭을 끄는 운전수입니다."

그렇게 해서 그 젊은이도 죽을 고비를 넘겼다. 다음은 아버지의 차례였다.

"나는 서울에서 피난하여 온 목사입니다."

"따라오시오."

그들은 아버지를 따로 어디론가 데리고 갔다. 우리는 그들이 아버지를 어떻게 하는 줄 알고 마음을 졸이며 기다렸다. 얼마 후 아버지가 돌아오셨다. 그러나 얼굴이 백지장 같으셨다.

다음날 새벽 우리 가족은 짐을 반으로 줄여 등에 메고 읍내를 빠져 나가려는데 두 명의 인민군 병사가 순찰을 하고 있었다. 우리 쪽 경비행기 한 대가 낮게 떠 정찰 비행을 하였다. 인민군 순찰병들이 처마 밑으로 급히 피하면서 우리에게 소리쳤다.

"빨리 피해."

비행기가 지나간 다음에 우리는 둑으로 나가 안성 쪽으로 하루 종일 걸어갔다. 한참을 가다가 아버지가 삼촌에게 먼저 가라고 하셨다. 어머니가 발이 부어 우리 일행은 빨리 걸을 수 없었다. 삼촌은 작별인사를 하고 빠른 걸음으로 할아버지와 할머니가 계신 청주로 향하였다. 안성 주례에 도착했는데 그곳 도로에는 아직도 중부전선에서 후퇴하는 긴 국군 차량행렬이 남쪽으로 이동하고 있었다. 우리는 그곳에 사시던 어머니 육촌오빠 댁에 머물렀다.

며칠 후 행길 쪽으로 나가 보니 북쪽의 인민공화국 국기가 걸려 있었다. 안성에 며칠 더 머물다가 우리 식구는 다시 용인 쪽으로 갔다. 어느 높은 산을 넘어 산골짝 작은 동네에 도착했는데 그곳에는 국군 패잔병들이 있었다. 멀리서 우리를 쳐다보는 그들의 모습이 처량하게 보였다. 이들이 인민군에게 잡히면 어떻게 되나 염려스러웠다.

우리는 계속 북쪽으로 걸어 용인읍을 지나 메주고개를 넘는데 인민군 대부대가 자동차, 쌍두마차, 대포와 장비를 실은 수레를 끌고 밀면서 우리와 반대방향으로 산을 넘고 있었다. 남쪽의 전선으로 향하는 후속부대인 것 같았다. 사람들이 중국 팔로군에 있던 인민군부대라 하였다.

용인구읍이라고 하는 어느 한적한 시골 동네에 도착하였다. 우리는 비어 있는 초가집 예배당 한쪽에서 서울에서 피난 온 다른 두 가정과 함께 서울이 수복될 때까지 3개월을 숨어 지냈다. 피난 때 가지고 나온 어머니 옷을 곡식과 바꾸어 먹었다. 그것이 모두 떨어지자 아버지가 나를 데리고 서울 우리 집에 숨겨 놓은 옷을 가지러 영등포로 갔다. 아버지는 집에서 좀 떨어진 교인 댁에 숨고 내가 혼자 집으로 가서 마루밑에 숨겨 놓았던 옷을 가지고 나와 아버지와 함께 용인으로 돌아갔다.

다행히 우리 집에는 교회 사찰집사님 댁이 다른 피난민 몇 가정과 함께 묵고 있었는데 이 집사님이 고맙게 9.28 수복 때까지 우리 옷을 지켜 주셨다. 아버지와 함께 옷 보따리를 등에 지고 어느 밭을 지나는데 농부들이 새참을 먹고 있었다. 아버지가 이야기를 해서 밥 한 그릇을 얻어 나를 먹이셨다. 아버지도 배가 고프셨을 텐데 나에게만 먹으라고 하셨다.

그 후 시일이 지나자 내가 가져 온 옷가지가 다 떨어져 또 한 번 아버지와 함께 서울길을 나섰다. 집 가까이 와서 아버지는 신길동의 어느 교인 댁에 머물고 나 혼자 도림동 우리 집으로 갔다. 동회 앞을 지나는데 새문안교회 장로님으로 오래 계시다가 우리 동네로 이사 오신 나이 많은 장로님을 만났다. 나를 보시더니 동회 앞 벽에 붙어 있는 인민공화국 헌법조항이 담겨 있는 벽보를 가리키며 말씀하셨다.

"인민공화국에도 종교가 자유라고 쓰여 있느니 아버지에게 빨리 와서 교회를 돌보시라고 전해 다오."

그런데 이어서 만난 우리 집 옆에 사시던 아저씨는 다른 말씀을 귀띔해 주었다.

"이 동네에서 사람들이 아버지를 찾고 있으니 절대로 이 근처에 오시지 말게 해라."

장로님 말씀을 들었으면 선무당이 사람 잡는 격이 될 뻔하였다. 그 다음부터는 내가 혼자 10살, 7살짜리 동생 둘을 데리고 세 번 더 용인구읍과 영등포 집을 왔다 갔다 하며 옷을 가져다가 곡식으로 바꾸어 먹으면서 우리 식구가 연명을 했다. 영등포와 용인을 오고 가는 길에는 여기저기 버리고 간 대포알이나 총알더미, 타다 남은 트럭 잔해, 떨어진 비행기 잔해들이 있었다. 높이 떠서 폭탄을 떨어뜨리며 비행하는 폭격기들과 낮게 떠서 목표물을 찾아 곤두박질하며 폭격하는 전폭기들을 보며 왔다 갔다 했다.

한번은 땅으로 내리박이 하며 포탄을 투하하던 전폭기가 다시 올라가지 못하고 땅에 박혀 불에 타는 장면도 목격했다. 사람들이 인민군이 쏜 곡사포에 맞았다고 하였다. 영등포와 안양 사이의 국도와 철길에는 내내 송장 썩는 냄새가 가득했다.

9월에 들어서면서 비행기 폭격이 심해졌다. 인천 쪽에서는 함포사격 소리가 들렸다. 서울 쪽으로 가기가 어려워 아버지와 함께 안성 쪽으로 갔다. 곡식을 구하기 위해서였다. 그곳에는 전쟁 중에도 장이 섰다. 옷가지를 밀로 바꾸어 아버지가 큰 자루를, 내가 작은 자루를 등에 걸머지고 용인구읍 피난지로 돌아오고 있었다.

용인읍내 가까이 왔는데 미국 함재기 편대 4대가 갑자기 나타났다. 시골길에 아버지와 나 그리고 다른 사람들 서너 명이 읍내 쪽으로 걸어가고 있었다. 비행기 편대가 우리들 위를 뱅뱅 돌았다. 그때 아버지가 나에게 말씀하셨다.

"의영아! 논뚝으로 가서 서 있어라."

다른 사람들에게도 큰 소리로 말씀하셨다.

"여러분도 움직이지 말고 가만히 서 있으시오."

비행기가 낮게 떠서 돌면서 우리가 군인들인지 민간인들인지를 파악하고 있는 것 같았다. 비행기 파일럿 얼굴이 눈앞에 보였다. 내가 그를 향해 손을 흔들었다. 다시 몇 바퀴 돌더니 메주고개 쪽으로 날아갔다. 어린아이가 손을 흔드는 것을 보고 그냥 간 것 같다. 그쪽으로 간 배행기가 산꼭대기 길을 폭격하는 것이 보였다.

읍내를 통과하여 고갯길로 올라가는데 사람들이 부상당한 사람들을 수레에 싣고 급히 읍내로 향해 뛰었다. 산을 넘어 신갈까지 왔는데 인민군 지프차가 멀리서 나타났다. 그런데 항공 편대가 동시에 하늘에서 나타났다. 비행기들이 곤두박질을 하며 사격을 가하였다. 지프차와 그 옆에 있던 가게가 박살이 났다. 우리들이 있던 지점에서 500m도 안 되는 거리였다. 지프차에 타고 있던 인민군 둘은 뛰어나와 집 뒤로 해서 산으로 도망했다. 피난지의 집에 도착했는데 비행기 편대가 산속에 있는 절간을 폭격하는 것이 보였다.

구해 온 밀을 말리기 위하여 마당에 널어놓았는데 네 살짜리 동생 의선이가 배가 고파 그것을 집어 먹고 배탈이 났다. 밤새도록 앓더니 아침이 되니까 정신을 잃고 경기를 보이며 무서워하는 소리로 덜덜 떨면서 신음을 계속했다. 아버지가 놀라셔서 의사를 찾기 위해 여러 동네를 뛰어다니셨다. 몇 시간 후 의과대학 다니던 피난 학생 한 명을 찾아 오셨다.

아버지가 의대생을 데리고 집에 도착하자마자 동생은 떨던 목소리를 멈추고 숨을 거두었다. 아버지가 싸늘해진 의선이 시체를 두루마리에 싸 뒷산으로 가시는데 제대로 걷지를 못하시고 비틀거리셨다. 석 달 동안 제대로 먹지 못해 많이 연약해진 어린 동생이 배탈을 이기지 못하고 저 세상으로 간 것을 생각하면 지금도 너무나 슬프고 마음이 아프다.

60년이 지난 지금도 경부고속도로의 신갈 인터체인지를 지날 때면 어린 나이에 애처롭게 세상을 떠난 의선이를 생각하며 눈물을 흘리곤 한다. 의선이가 떠난 다음날이 추석이었다. 그날 국군과 미군이 탱크를 몰고 동네 앞길까지 들어왔다. 하루만 일찍 왔어도 동생이 안 죽었을 것이다.

　공산군이 서울을 점령했을 때 사업을 크게 하시던 외삼촌은 부르주아라고 잡혀가 처형을 당하셨다. 전쟁 때 아버지, 어머니, 형, 동생, 삼촌을 잃은 가정은 우리 집만이 아니었을 것이다. 내가 아는 사람들 가운데는 가족과 친지를 잃은 사람들이 많았다.
　영등포 모랫말 우리 동네에 살던 내 친구들의 고등학교 또래 형들은 인민군 점령 때 모두 군대에 자원입대 하였거나 끌려갔다. 그중에 한 친구의 가정은 형제 사이의 사상대립으로 너무나 슬픈 일을 당하였다. 형들은 북으로 가서 인민군 장교가 되어 나왔고, 연합군의 서울 수복 직후 아들이 인민군 장교라고 어머니는 처형당하였고, 아버지는 대전 감옥에서 돌아가셨고, 수복 후 국군대위가 되어 돌아온 큰 형은 어머니를 해친 동네사람을 찾아 직접 분풀이 한 일도 있었다. 형들이 빨갱이라고 13살의 나이에 감옥에 잡혀 있던 내 친구는 큰 형이 와서 꺼내 왔다.

　서울 수복 후 우리는 수레를 빌려 피난짐을 싣고 집으로 돌아왔다. 집에 도착하니 집 반쪽이 직격탄을 맞아 박살이 나 있었다. 우리 집 현관과 목욕탕 자리에는 터진 대포알 파편이 널려 있었다.
　우리 집에 살던 사람들은 마당에 파 놓은 방공호에 대피해 있어서 화를 면하였다고 한다. 우리 집 위 언덕에 있던 예배당은 대포에 맞아 강대상이 있는 한쪽에 구멍이 났고 벽이 부서져 있었다. 예배당 마당에 인민군이 진을 치고 서울로 진격해 오는 연합군에 대항하여 저항을 하면서 예배당과 우리 동네가 폭격과 포격의 대상이 되었고 많은 피해를 받았다.

공산군 점령 시 마루 밑에 숨겨 놓았던 우리 어머니 옷가지를 지켜 주신 사찰집사님 아들이 부역을 했다고 수복 직후 잡혀 들어가 심하게 맞고 나와 앓고 있는 것을 보고 나는 너무 마음이 아팠다.

며칠이 지났는데 하루는 미군 스리쿼터가 인부들을 모집하려고 동네 행길에 왔다. 젊은 사람들을 뽑아 차에 태웠다. 미군이 안 보는 사이에 내가 뛰어올라 안쪽으로 가 앉았다. 뽑은 인부들을 태우고 한참 가던 중 미군이 어린 나를 보고 말했다.

"너는 왜 탔니?"

내가 당황해서 어찌할 줄 몰라 하자 웃으면서 말했다.

"괜찮아. 그대로 있어."

차는 당산동에 있는 어느 큰 철공장에 도착했다. 그 공장이 폭격으로 모두 부서지고 흐트러졌는데 그것을 미군이 쓰기 위하여 정리하는 작업이었다. 나에게는 한 어른 인부를 도우라고 하면서 일을 맡겼다. 점심시간이 되어 배식을 하는 천막으로 갔다. 미군부대에 소속되어 있는 한 한국군 병사가 나를 보고 자기가 먹던 양은 식판을 씻어 주면서 앞으로 데리고 가서 배식을 받아 주었다. 그릇을 빌려 준 그 군인이 참으로 고마웠다. 초콜릿과 드롭프스도 줬다. 아마 내 나이 또래의 동생이 있었는지도 모르겠다. 전쟁 중 배가 고프던 차에 참으로 맛있게 잘 먹었다. 일이 끝났는데 임금을 주었다.

나는 아이라고 별로 일을 안 시켰는데 임금은 다른 사람들과 똑같이 주었다. 세상에 나서 처음 일을 하고 돈을 받아 보았다.

그 후 영등포국민학교에 주둔한 미군 공병대에서 약 한 달 동안 하우스보이로 있었다. 우리 교회 고등부 학생들 몇이 그 부대의 통역으로 취직을 했는데 나를 그 부대 특무상사에게 소개하여 일을 구해 주었다. 거기서 3개월 동안 굶주렸던 나의 몸이 영양보충을 했다.

12월에 들어서면서 북에서 피난민이 밀려오기 시작했다. 피난민들이 목사님 댁이라고 많이 찾아왔다. 어머니가 어려운 중에 피난민까지 먹여 보내느라고 많이 수고하셨다. 크리스마스가 가까울 때에 우리 가족은 또 다시 두 번째 피난짐을 쌌다. 철도국에서 일하시는 집사님이 대구까지 가는 기차가 있는데 거의 마지막 차라고 하였다. 철도관사에 있는 그분 댁에 가서 기다리다가 그분의 부인 권사님이 짜 주신 장갑을 하나씩 받아 끼고 짐을 가득히 싣고 텐트로 덮은 기차 짐칸 위에 우리 식구는 자리를 잡았다. 빈자리가 없이 피난민이 자리를 잡고 앉았다. 군인들이 와서 젊은 사람들을 골라 연행해 갔다. 제2국민병으로 데려간다고 했다.

추풍령 고개를 넘기 전에 황간역이 있다. 이곳을 지나 가파른 고개를 올라가는데 화통이 힘이 모자라 기차가 섰다. 어른들이 모두 내려 기차를 밀었으나 올라가지 못하였다. 기차가 후진하여 황간역으로 돌아갔다. 우리가 기차를 기다리는 동안 다른 기차들이 짐칸 지붕 위에 피난민을 가득 채우고 서지 않고 지나갔다. 우리가 탄 기차 칸에는 중요한 군사장비가 있기 때문에 화통차가 하나 더 와서 끌고 갈 것이니 걱정 말라고 정거장 사람이 안심을 시켰다.

한참 시간이 지났는데 화통이 하나 더 와서 앞에 붙이고 출발하여 추풍령고개를 넘었다. 대구에 도착했는데 마침 아는 장로님 사모님이 함께 내렸다. 그분이 주선해서 우리 일행은 역 앞에 있는 어느 집에서 며칠을 지냈다. 하루는 이 분이 아버지에게 일본으로 가자는 제안을 했다.

"우리 가족은 삼천포로 가서 밀항선을 타고 일본으로 가려고 합니다. 우리와 함께 갑시다."

"우리는 일본에는 가지 않겠습니다."

아버지는 일언지하에 거절하셨다. 그 다음날 전갈이 왔다.

"부산까지 가는 빈 차칸이 있으니 역으로 나오시오."

자정이 가까운 밤 시간에 역으로 가서 바닥만 있는 평평한 화물칸 위에 짐으로 바람막이를 만들고 아버지가 식구들을 가운데 앉혔다. 찬바람을 뚫고 밤새도록 달린 무개차는 다음날 아침 부산역에 도착하였다.

영도다리가 바로 앞에 보이는 가파르고 긴 계단이 있는데 그 중턱쯤에 고려신학교가 있었다. 계단 밑에는 번화한 거리가 있었는데 광복동 거리였던 것으로 생각된다. 계단 위쪽에는 공원이 있었다. 우리 가족은 다른 피난민들과 함께 그곳 기숙사에서 약 두 달 동안 지냈다.

하루는 같은 방을 쓰고 있는 피난민 가정이 화로 불을 피워놓고 생선을 구웠는데 동생 의찬이가 가스에 중독되어 죽을 뻔하였다.

나는 아랫동생 의경과 함께 신문도 팔고, 가판대에 껌, 드롭스, 과자, 오징어 등을 놓고 팔기도 하며 지냈다. 《부산일보》에 가서 신문이 나오는 시간을 기다려 나오자마자 받아 뛰어 다니면 많이 팔렸다. 국제시장에 있는 다방을 돌면서 팔았는데 사람들이 내 교복을 보고 피난 온 중학생인 것을 알고 많이 사 주었다. 낮에 달력을 받아 팔기도 했는데 부산 토박이 내 나이또래가 "하나 도고" 하면서 주먹으로 내 턱을 쳐 피를 흘린 적도 있다. 열두 살짜리 어린 가슴에도 타향살이의 한을 느끼면서 아무소리 못하고 그냥 지나갔다.

이때 부산에는 이북과 서울에서 밀려오는 피난민들로 포화상태였다. 우리가 묵고 있던 신학교 기숙사에도 피난민들이 꽉 차 어려운 일들도 발생했다. 현관에도 묵고 있는 사람들이 있었다. 모든 공간이 꽉 차 있는 상황에서 새로 도착하는 목사님들 가정을 더 이상 수용할 수 없게 되었다. 할 수 없이 이미 와 있던 사람들에게 신학교에서 공지를 했다.

"우리 신학교에서는 목사님들의 가족을 도와드려야 합니다. 목사님의 가족이 아닌 분들은 다른 곳으로 숙소를 구해 나가 주시기 바랍니다."

우리 가족이 있던 자리 바로 옆에 어떤 장로님 가족이 있었는데 좋은 분들로 우리와 가깝게 지내고 있었다. 그 장로님이 강력히 항의를 하였으나 결국 다른 곳을 구해 나가셔야 했다. 이 일이 내 마음에 깊이 새겨져 지금까지도 남아 있다. 그 후 그 장로님이 내가 길에서 과자 파는 것을 보시고 나를 불러서 격려를 해 주셨다.

"네가 고생이 많구나. 그 과자 내게도 하나 팔아라."

부산에서 제일 힘들었던 것은 물을 길어 오는 일이었다. 물을 받기 위해 물이 나오는 곳을 찾아 여기 저기 다녀야 했다. 부산진까지 먼 길을 가서 걸어온 적도 있고 영도다리를 지나 영도에 가서 물을 길어 온 일도 여러 번 있었다.

부산에 피난민이 계속 밀어닥치자 정부에서는 미군에게 부탁하여 부산으로 몰려 든 피난민의 일부를 제주도로 옮기도록 하였다.

"알려드립니다. 부산에는 더 이상 피난민들에게 숙식을 제공할 장소가 없습니다. 모두 짐을 싸 들고 부산 제2부두로 나오시기 바랍니다."

늦은 저녁이었는데 부두가 피난민들로 가득 차 있고 세상에서 처음 보는 큰 배가 불을 대낮같이 켜 놓고 정박해 있었다. 사람들이 몇 명씩 조를 짜서 대열을 만들었다. 몇 시간이 지나 사람들이 배를 타기 시작하였다. 굉장히 많은 사람이 탔으나 몇 명이나 탔는지는 알 수 없었다. 갑판 밑의 짐칸마다 가득히 피난민들을 태우고 배는 떠났다.

항해를 시작한 지 몇 시간 지나면서 배가 풍랑에 올라갔다 내려갔다 하면서 많은 사람들이 멀미를 하고 토하기도 하였다. 나는 그 배의 바닥 창고가 하도 답답해서 계단을 타고 짐칸 위로 올라갔다. 그 위에는 미군 한 명이 사람들이 마음대로 나가지 못하도록 지키고 있었다. 내가 올라가 웃으니까 올라오면 안 된다는 시늉을 하였다. 물이 먹고 싶다고 하니까 저쪽에 가서 먹으라고 하였다. 물을 먹고 여기저기 구경도 하고 다시 식구들이 있는 칸으로 내려갔다.

시간이 몇 시간 또 지났다. 배가 제주도에 도착했다고 하여 모두 준비를 하고 갑판 위로 나왔다. 앞에는 성산포 끝에 높이 솟아 있는 바위산이 보였다. 제주도 동쪽에 있는 성산포 외항에 우리를 실은 미군 수송선이 정박해 있었다. 갑판 옆 난간 밖에 밧줄로 만든 큰 망을 달아 놓고 그 중간마다 밧줄사다리들을 만들어 사람들을 아래로 내리게 하였다. 미군들이 밧줄사다리 양쪽을 잡고 사람들이 파도에 출렁거리며 떠 있는 상륙용 보트까지 안전하게 내리도록 부축하여 하선시켰다. 아이들과 노약자들을 한 명 한 명씩 들어서 다음 사람에게 인계하고 또 그 다음 사람에게 인계하여 보트에 내렸다.

우리 식구도 그렇게 내려 상륙용 보트에 탔다. 자리가 찬 보트는 해변까지 달려 앞쪽의 난간을 바닥으로 내리고 사람들을 내려놓았다. 이야기를 들으니 성산포에는 일부만 내리고 다른 사람들은 서귀포 등 다른 곳 여기저기에 내린다고 하였다.

우리가 내린 곳은 모래와 작은 바위들이 섞여 깔려 있는 성산의 바로 옆 해안이었다. 바닷가에서 피난짐을 기다리는 사이에 아버지가 시내로 가서 방을 하나 마련하셨다. 성산포 주민들이 피난민이 온다고 집마다 모두 방을 하나씩 비워 놓고 맞이할 준비를 하고 있는 것 같았다. 우리가 묵은 집의 주인은 최 씨인데 아들은 군에 갔고 딸이 셋 있었는데 우리에게 친절히 잘 대해 주었다.

딸들이 해녀인데 잡아 온 전복, 바다소라, 해삼 등을 나누어 주기도 하였다. 우리가 도착한 후 몇 번 더 미군 LST 배가 와서 피난민을 내려놓고 갔다. LST는 우리가 타고 온 배에 비해 선체가 훨씬 적어 배가 직접 해안가까지 와서 앞의 아가리를 아래로 내리고 피난민과 짐을 내렸다. 그곳에 내린지 얼마 안 되어 피난민학교가 세워졌다. 나는 이곳에서 평안도, 함경도, 서울, 인천, 부산 등 한반도 사방곳곳에서 온 아이들과 함께 공부도 하고 놀기도 했다.

성산포에는 부락에서 좀 떨어져 있는 밭 가운데 큰 창고 같은 건물이 있었다. 그곳에는 육지에서 온 제2국민병들이 있었다. 제주도에서는 본토를 육지라 부른다. 이 사람들은 밖에 나오지도 않고 그 안에 있었다. 밖에 나가면 도망갈까 봐 그 안에 가두어 놓은 것 같았다. 가끔 죽은 사람을 동료들이 들 것에 메고 나와 멀리 가서 파묻는 것을 나는 몇 번이나 목격했다. 내가 그때 중학교 1학년의 어린 나이인데도 왜 멀쩡한 사람들을 붙들어다가 저렇게 방치하여 굶어 죽이나 하고 분개했던 것이 생각난다.

이때에 남한 곳곳에서 제2국민병을 데려다가 1951년 1·4 후퇴 때 제대로 먹이지도 않고 덮을 것을 주지 않고 방치하여 많은 사람들이 굶어 죽고, 병들어 죽거나 얼어 죽도록 방치한 일이 있었다. 국민방위군사령부의 높은 사람들이 이들에게 가야 할 옷과 부식비를 떼어먹었기 때문이라고 사람들이 말했다. 이 문제가 후에 크게 여론화되었다. 국회진상조사위원회에서 조사한 바에 의하면 1950년 12월 17일부터 1951년 3월 31일까지 이들이 유령인구를 조작하여 착복한 금품이 23억 원이었고, 쌀 5만 2천 섬이나 되었다. 이 사건으로 신성모 국방장관이 물러나고, 방위군 김윤근 사령관, 윤익헌 참조장 등 최고 책임자들 5명이 총살형에 처해졌다.

성산포는 참 아름다운 곳이었다. 물이 많이 빠질 때면 성산 뒤쪽 높은 절벽 밑까지 깊이 돌아갈 수 있는데 그곳에는 큰 전복과 주먹만한 소라들이 바위 밑에 붙어 있었다. 사람들이 장대기에 갈고리를 달고 헝겊으로 철렁거리는 줄을 만들어 낙지를 잡기도 하였다. 맑은 새벽 바다 저쪽에서 솟아오르는 성산의 붉고 둥근 일출은 참으로 아름다웠다. 구멍이 숭숭 뚫린 돌로 집집마다 담을 쌓았는데 밭에도 담을 쌓았다. 바람이 많이 불어 집에도 밭에도 담을 싼다고 하였다. 성산 꼭대기 분화구 분지에는 말들이 있었다. 그곳에 올라가 놀기도 하고 마른 풀을 베어 오기도 하였다.
　잔모래가 있는 해안에서는 조개를 잡을 수 있었다. 쇠꼬챙이로 바닷가 모래밭을 꾹꾹 누르면 조개껍질이 닿는 것이 느껴졌다. 많이 잡지는 못했으나 가끔씩 잡히는 조개가 좋았다. 이른 봄 따뜻한 날에는 성산밑 포구에서 미역도 감았다. 이곳은 바위와 자갈과 모래가 바람과 풍랑에 깎기고 밀려 맑고 깨끗한 바닷물결과 함께 어우러져 아름다운 한 폭의 그림과도 같았다.
　몇 년 전 서귀포에서 학회를 마치고 그 포구를 찾아보았다. 그곳에는 술과 해물을 파는 큰 기와집이 물가 바위 위에 놓여 있었다.

내 머릿속에 소중하게 간직되어 왔던 피난시절의 그 아름다웠던 모습이 처참하게 부서졌다.

우리가 피난선을 타고 도착했을 때는 아직도 한라산에서 공산 게릴라가 활동을 할 때였다. 밤에 가끔 총소리가 들렸는데 성산포 근처 부락에 공비들이 와서 경찰과 전투가 있었다고 했다.

우리는 성산포에 약 두 달간 있다가 제주읍으로 이사를 했다. 몇 가정이 트럭을 대절하여 이삿짐을 싣고 갔다. 봄이었다. 제주읍에 도착하여 우선 서부교회 마당에 짐을 부렸다. 교회 본당과 마당에 쳐 놓은 천막에는 피난민들로 가득 찼다. 우리가 여름 피난 때 묵었던 수원교회 목사님 댁 내 나이 또래의 예쁜 딸아이를 그곳에서 다시 만났다. 너무 반가웠다.

당시 제주도에는 육지 여러 곳에서 온 피난민들이 15만 명이나 된다고 하였다. 이 숫자는 당시 제주도민 전체 인구보다도 더 많은 숫자였다. 부산, 인천, 원산 등에서 미군 수송함, LST, 한국 해군배를 타고 온 사람들도 있고, 다른 여러 곳에서 민간 통통배를 타고 온 사람도 많이 있었다.

제주읍에 도착한 지 며칠 후 아버지가 제주읍 삼도리에 방을 구하여 이사를 했다. 가까운 곳에 제주농업중학교가 있었는데 서울에서 고아 천 명을 미군 공군기로 공수해 와 있었다. 헤스 대령이 공군기를 동원하여 데려왔다고 했다.

우리가 살던 집에서 얼마 되지 않는 곳에 삼성혈이 있었다. 제주도민의 조상 고, 부, 양 씨가 나왔다는 전설의 세 구멍이 그곳에 있었다. 키가 큰 오래된 소나무들이 그곳을 지키고 있었다.

아버지는 나를 오현중학교에 입학시키셨다. 어느 날 아침 조회 시간에 내 나이 또래의 아이가 단에 서서 어려웠던 한라산 공비생활에 대해 이야기를 하였다. 반공 교화였다. 공비토벌에서 잡힌 아이라고 하였다. 그 아이가 불쌍해 보였다. 저런 나이 어린 아이를 데리고 다니면서 그런 연설을 시켜야 되는가 생각이 되었다.

몇 주 다녔는데 피난중학교가 그 학교 교정에 천막을 치고 시작되었다. 나는 다시 새로 시작한 피난중학교로 옮겼다. 피난중학교에서 다음해 이른 봄 서울로 돌아갈 때까지 1, 2학년 과정을 모두 마쳤다. 다른 여러 학교에서 온 학생들이 모여 함께 공부를 했다. 서울에서 오신 좋은 선생님들이 많이 계셨다.

특히 영어 선생님과 대수 선생님으로부터 많이 배웠다. 그때 기초를 잘 다져 나는 중고등학교 전 과정에서 영어와 수학이 제일 재미있었다. 한번은 대수 선생님이 칠판에 문제를 풀면서 공식에 약간의 혼동이 있었다.

"선생님, 계산이 잘못된 것 같은데요." 내가 지적을 했더니 "이놈아, 원숭이도 나무에서 떨어질 때가 있다."라고 하시며 껄껄 웃으셨다. 경복중학교에서 가르치시던 대수 선생님과 숭의학교에서 가르치시던 영어 선생님이 나를 많이 격려해 주셨다. 이 선생님들의 격려는 내가 공부에 취미를 붙이는 데에 큰 힘이 되었다.

제주읍에 있을 때 물이 많아 좋았다. 부두에서 가까운 산지에는 사시사철 찬 지하수가 바위 속에서 콸콸 솟아나왔다. 물이 깨끗하고 차고 맛이 좋았다. 제주항 부두가 방파제로 둘러싸여 있는데 이쪽 부두에서 내항을 가로질러 맞은편 방파제까지 헤엄을 쳐 가기도 하였다. 우리나라 평화선 안으로 들어왔다가 우리 해안경비대에게 붙잡혀 온 일본어선 한 척이 내항 가운데에 정박해 있었다. 학교 친구들과 방과 후 용담에 가서 용대가리바위 꼭대기까지 올라가 바다로 다이빙을 하며 놀았다. 사라봉에도 올라가 놀았다. 물이 빠졌을 때 바닷가를 따라 사라봉 절벽 밑에까지 멀리 갔다가 갑자기 물이 들어오고 천둥 번개가 쳐서 무서워 급하게 뛰어 항구 쪽으로 돌아온 생각이 난다. 그 해 가을까지는 한라산에 공산 게릴라가 완전히 소탕되었다고 하였다. 그래서 한라산 기슭까지 가서 나무를 해 오기도 하였다.

중공군 포로수용소가 제주읍 공항근처에 있었다. 미군트럭이 중공군 포로들을 싣고 도청 앞길을 지나가곤 했다. 그들은 '장백산 줄기줄기 피어린……' 노래를 목청이 터지도록 크게 부르며 도청 앞길을 지나갔다. 꼭 한국 사람들같이 노래를 했다. 나중에 알고 보니 만주의 조선족들로 구성된 중공군 포로들이었다. 포로로 잡혀 온 사람들이 저렇게 노래를 부르며 지나가는 것이 이상하였다.

1952년 3월 나는 먼저 서울로 떠나신 부모님을 따라 동생들을 데리고 이리호로 부산까지 가서 기차를 타고 영등포 집으로 돌아왔다.

전쟁 때 부모를 잃고 고아가 된 아이들이 많았다. 그래서 영등포에는 이 아이들을 모아 돌보는 고아원이 많았다. 문래동에는 영생보육원이 있었다. 이 보육원에 있던 아이들이 모두 우리가 다니던 도림교회에 나왔다. 그중에 한 아이 문관호가 나와 친해졌고 자주 우리 집에 와서 놀았다. 나는 이 아이와 일생 동안 가까운 친구로 지내고 있다. 그는 우리 어머니가 중매를 해서 결혼을 했고 그의 아들은 목사가 되었다. 문관호는 장로가 되어 오랫동안 도림교회에서 봉사하다가 몇 년 전에 은퇴하였다.

휴전이 끝날 때까지 우리 집 앞 철로 연변에는 전선에서 실려 온 국군과 미군을 치료하는 미군 간이 기차병원이 있었다. 어떤 날은 실려 온 부상병이 차고 넘쳐 철로연변에 침대를 놓고 치료를 하기도 하였다. 영등포국민학교에는 터키군이 있었다. 그 옆의 공장에는 미군 전사자를 처리해 냉동을 해서 보내는 병참부대가 있었다. 신길동 우신국민학교는 유엔군 병원으로 사용되었다. 대방동에 있는 서울공업중고등학교에도 미군부대가 있었다. 이때는 서울의 대부분 학교들을 미군과 다른 유엔군 부대가 쓰고 있었다. 문래동에 있는 여러 방직공장에도 미군부대가 있었다. 영등포에 있던 대부분의 학생들이 대방동 천막교실에서 실시되었던 연합중고등학교에서 공부를 했다. 사람들은 이 학교를 훈육소라 불렀다.

서울공업중고등학교 뒤편에 있던 성남중학교에서는 미군이 일찍 퇴거하여 나는 집으로 돌아온 직후 이 중학교 3학년에 편입되었다. 그 당시 꼿꼿한 군인으로 유명했던 예비역 김석원 장군이 이 학교 교장이었다.

추운 겨울 어느 날 소련의 독재자 조세프 스탈린(Joseph V. Stalin)이 죽었다. 김 교장은 스탈린이 죽은 다음날 아침 조회시간에 전교 학생들을 교정에 정렬시키고 말씀하셨다.

"스탈린이 죽었다 만세!"

김교장은 직접 크게 선창하고 학생들에게 복창을 시켜 만세를 부르게 하였다. 스탈린은 전쟁에 필요한 무기와 장비를 북한에 원조하여 북한이 남한을 침공하게 한 장본인이다. 나도 따라 만세를 불렀다.

1953년 봄까지 한강을 건너 서울시내로 가려면 도강증이 필요했다. 꼭 필요한 사람만 가게 했다. 휴전이 가까워지면서 한강 도강이 수월해졌다. 나는 그해 4월 고등학교 1학년 때 만리동의 양정고등학교로 복교하였다. 나는 그 후 서울대학을 졸업하고 1963년 미국에 유학 펜실베이니아대학교에서 박사학위를 받고 1968년부터 40여 년간 California State University, Los Angeles에서 교수생활을 한 후 은퇴하였다.

3. 한국전쟁 참전용사 김석춘의 전투일지

1950년 6월 24일 나는 휴가를 받아 인천 선화동 13번지 우리 집으로 갔다. 하룻밤을 자고 나서 25일(일요일) 아침을 먹고 인천 시내 극장에 간다고 나왔다. 인천에 주둔하고 있는 육군부대 주변 사령들이 군인들은 자기의 본 부대로 즉시 돌아가라며 마이크로 외치고 다녔다. 큰 도로에는 화물 자동차들이 삼각형 깃대를 달고 서울 쪽으로 마구 달려가고 있었다.

'또 인민군과 전투가 벌어진 모양이로구나.'

그때 38선에서는 크고 작은 전투가 자주 있었다.

'전쟁이 벌어지면 밥은 많이 먹겠지.'

이런 생각을 하며 빨리 집으로 돌아 와서 지참물을 챙겨 부대로 복귀를 서둘렀다. 집을 나서려는데 어머니가 나를 불러 세웠다.

"석춘아! 점심때가 다 되어가니 점심은 먹고 가라."

"큰일이 난 모양이니 빨리 가야 합니다."

사랑이 깃든 어머니의 손을 뿌리치며 나는 하직 인사를 하고 집을 나섰다. 인천역에서 기차를 타고 용산역에서 내려 한남동 부대로 가려고 하는데 택시 기사가 큰 소리로 나를 불렀다.

"군인 아저씨 빨리 타시오. 돈은 안 내셔도 되니 빨리 부대에 들어가시오."

택시기사는 나를 한남동 부대까지 태워 주고 가 버렸다. 부대에 복귀하여 주방으로 들어가 보았더니 먹을 것은 아무 것도 없었다. 빨리 출동하라는 명령에 쫓기어 내 장갑차로 갔더니 차에는 휘발유와 실탄과 쌀, 부식물이 준비되어 있었다. 장갑차에 앉아 시동을 걸려고 하니 배터리가 방전이 되어 시동이 걸리지 않았다. 평소에 차를 움직이지 않았기 때문이었다. 장갑차를 움직일 휘발유는 누군가가 빼서 내다 팔아 버렸다. 일주일에 배급량이 1갤런 정도였다. 나는 움직이지 않는 차를 다른 차로 끌어서 시동을 걸고 휘발유를 넣어 출발하였다. 한남동 고개를 올라가는데 엔진이 멈추어 버렸다. 휘발유 탱크를 점검하여 보니 휘발유 탱크에 물이 들어 있었다. 평소에 휘발유를 관리하는 사람이 휘발유를 팔고 물을 반 통 정도 채워 둔 것을 모르고 휘발유를 넣어서 그렇게 되었다. 그것도 모르고 중대장은 마구 고함을 쳤다.

"이 빨갱이 새끼! 권총으로 쏘아 죽여 버리겠어! 빨리 수리해."

나는 휘발유 탱크 밑의 파이프를 열어 물을 제거하고 다시 시동을 걸어 출발하였다. 서대문 독립문을 지나 서울 시가를 벗어났다. 전투 행렬로 행진하는 군인들과 전쟁터를 피하여 도망치는 백성들이 우리 장갑차가 전쟁터에 나가면 필연적으로 이길 것이라 생각하고 모두들 만세를 불러 주었다.

문산 지방을 지나 어느 초등학교 운동장에 장갑차를 정차시켰다. 저녁밥으로 주먹밥을 주었다. 전쟁이 일어나면 밥은 많이 먹을 것이라고 생각했는데 주먹밥을 주어서 너무나 섭섭했다. 나는 전쟁보다 밥을 많이 먹는 것이 좋았다.

그곳에서 밤을 새우고 아침밥을 주었는데 어제 저녁보다 밥 덩어리가 컸다. 기분이 좋았다. 우리는 건빵 두 봉지씩을 지급받았다. 너무나 기뻤다. 밥을 먹은 후에 건빵 두 봉지를 모두 먹어 치웠다. 이 세상에 태어나서 배가 불러서 고생한 것은 그때가 처음이었다. 그 당시 연대장은 유모 대령이었다. 내가 입대하여 일 년 반이 된 때였다. 유 대령은 군인들을 이등병으로 묶어 두고 이렇게 말했다.

"귀관들이 계급을 올려 월급을 받으면 부식이 나빠진다. 그러니 계급을 올리지 말고 부식을 많이 먹는 것이 좋을 것이다."

그러나 사병들은 매일 배가 고파서 사경을 헤맸다. 아침 식사 후에 전선으로 출동하여 산 위에 장갑차를 세우고 전투 장면을 쳐다보았다. 평지와 나무 사이에서 상호간에 실탄이 오고 갔다. 연막이 가득한데 부상당한 군인들을 가마니로 만든 들것에 옮겨 연속적으로 들고 나왔다. 우리 장갑차에서 37mm포를 발사하려고 목표물을 찾고 있었는데 인민군의 포탄 한 발이 차 옆으로 날아와 터졌다. 장갑차가 흔들거리고 땅이 진동했다. 우리는 차를 후진시켜 다른 전선으로 향하였다. 산마다 인민군 판이었다. 한 고지에 있는 인민군 부대를 향하여 포탄을 마구 퍼부었다. 여기저기 공격을 하다가 밤이 되어 불을 끄고 반딧불 같은 소등을 켜고 남쪽으로 이동하였다. 우리는 한 번도 가보지 못한 길을 가로수만 쳐다보고 대략의

윤곽을 잡아 행진하였다. 노면의 높낮이가 고르지 않아 얼마나 고생을 하였는지 십 년 인생을 하룻밤에 산 것 같았다.

다음날 양쪽에는 물 논이 있는 어느 둑길 위에 장갑차를 세워 놓고 좌측과 전방에 나타난 인민군을 향하여 포를 발사하였다. 너무나 많은 실탄을 쏘아 운전대에 앉은 나는 포성 소리에 귀가 멀어 버리는 줄 알았다. 한순간 포성이 멎고 얼마 안 되어 장갑차 내부에서 폭음이 들렸다. 뒤를 돌아보니 차 안에 불이 나고 있었다. 뒤에 있어야 할 승무자는 한 명도 보이지 않았다. 불을 끄고 급하게 차에서 내려 우측 논바닥으로 뛰었다. 한 사병이 허벅지에 관통상을 입었다. 길가에 초가집 세 채가 있어서 그곳으로 모두 몸을 피했다.

잠시 후에 고지에 있는 인민군을 공격하며 다시 전투가 시작되었다. 나는 장갑차를 운전하기 위하여 다른 한 사병과 함께 장갑차 안으로 들어갔다. 장갑차는 운전자 혼자 후진을 할 수 없다. 앞에서 한 사람이 유도하여야 후진이 가능하다. 후진 기어를 넣으니 체인지 레버가 꼼짝을 하지 않았다. 뒤쪽을 쳐다보니 차 바닥에 구멍이 나 있었다. 철판이 휘어서 체인지 레버관을 꽉 잡고 있었다. 차가 움직이지 않자 승무원들이 차 위의 뚜껑을 열어 둔 채 도망하였다. 그때 인민군이 쏜 총유탄이 차 안에 명중되어 수류탄이 터졌다. 실탄 박스가 등 뒤에 있어서 나는 무사했다. 숨었다 돌아온 승무원들과 함께 차를 수습하여 운전을 하는데 길 위에는 온갖 종류의 차들이 운전수는 도망가고 버려져 있었다. 고생고생하며 장갑차를 후진하여 초가집 세 채가 있는 곳까지 왔다. 가마니에는 주먹밥이 가득

들어 있었다. 그러나 밥을 먹을 사람은 모두 도망가고 없었다. 주먹밥에 붙은 쇠고기를 한 점씩 떼어 내 우리 승무원들은 모두 배불리 먹었다.

　해는 져서 어두워져 갈 때 초가집을 빠져 나오니 좀 떨어진 거리에서 인민군의 사격이 빗발쳤다. 먼 곳에서 쏘는 실탄은 겁이 나지 않았다. 남쪽을 향하여 후퇴하는데 십 리도 못 가서 가던 차들이 멈추어 서 있었다. 사연을 알아보니 나무로 만든 다리가 내려앉아서 그런 것이었다. 모든 병사들이 가마니에 흙을 넣어서 다리 밑에 도랑을 채우면서 밤이 새도록 공사를 하였다. 제일 선두에 섰던 야포를 달은 스리쿼터 차가 다리 밑으로 내려갔다 올라오는데 야포 달린 꽁무니가 강바닥에 빠져 버렸다. 수십 명이 붙어서 밀고 당겨도 요지부동이다. 뒤에는 차들이 많이 밀려 있었다. 날은 밝아졌고 인민군은 밀려오고 있었다. 상황이 다급해지자 중대장이 장병들에게 명령하였다.
　"이제 어쩔 수 없다. 모든 차들을 적이 다시 쓰지 못하도록 파손시키고 철수하라."
　나는 전투교육 받는 책과 사물을 모두 논 물에 쑤셔 넣었다. 내가 몰던 장갑차는 전기선을 절단시켜 사용이 불가능하게 만들었다. 차를 모두 사용 불가능하게 만들어 놓고 집합했더니 중대장이 명령을 하달했다.
　"지금부터 전원 해산해서 시흥까지 가서 거기 있는 기갑부대에 다시 집결하라."

모두가 갈 길이 막막했다. 나는 나와 함께 입대한 정충만과 같이 영등포 쪽으로 한강을 따라 걷기로 하였다. 길을 따라 가는데 한강 쪽을 향하여 운전자 없이 서 있는 차들이 수없이 많았다. 버스와 승용차 안에는 부상당한 환자들이 꽉꽉 차 있었다. 죽겠다고 하고 고함을 쳐도 소용이 없었다. 실내에는 썩는 냄새가 진동을 쳤다. 트럭에는 쌀과 부식물이며 총탄들이 가득가득 실려 있었다. 우리나라의 모든 차들이 여기에 모여 있는 것 같았다.

우리 둘은 한강 둑까지 와서 갈대 속을 헤치며 영등포 쪽으로 걸었다. 오후 3시쯤 되어 영등포가 보이는 데까지 왔다. 여기서부터 한강을 헤엄쳐 건너야만 했다. 옷을 벗어 총과 함께 머리에 이고 헤엄을 치는데 중간에서 힘이 빠졌다. 생사가 오락가락하는 판에 뒤에서 누군가가 밀어 주었다. 한참을 버둥거리다가 발을 강바닥에 내려놓으니 모래가 발에 닿았다. 그제야 살았다고 생각했다. 한강 중간 섬을 지나 다시 배를 타고 나머지 강을 건너는데 10명 정도 탈 수 있는 배에 20명, 30명이 마구 탔다. 거기에 우리 둘도 끼어 무사히 건넜다.

영등포구청 앞 삼거리에 둘이 앉아 경인도로를 따라 집이 있는 인천으로 갈까, 그렇지 않으면 경부국도를 따라 부대가 기다릴 시흥 쪽으로 갈까 수없이 망설였다. 나는 결정을 하였다. 인천의 집으로 가면 탈영병이 되니 집안 식구들도 못 살게 되고 나도 죄인이 된다. 그래서 부대로 가는 것이 옳다고 생각하여 둘이 시흥 쪽으로 향해 걸었다. 길을 걷는데 배가 고파 허기가 졌다. 밭 언덕에 기대어 기진맥진하고 있는데 지나가던 자동차에서 건빵 두 봉지가 날아왔다.

건빵을 먹고 나니 천지가 밝아졌다.

시흥에 도착해서 보니 연대본부가 와 있었다. 연대본부에서 밥을 먹은 다음에 휴식을 취하고 있는데 발바닥이 쪼였다. 신발을 벗어보니 군화 안에 자갈모래가 들어가 있어서 발바닥이 시루떡같이 되었다. 돌을 파냈더니 피가 나기 시작했다. 약이 없어서 치료를 할 수도 없었다. 부대가 전열을 정비하여 다시 한강 쪽으로 갔다. 인민군이 한강을 넘지 못하게 둑을 방위하는데 인민군 박격포가 아군 진지에 마구 떨어졌다. 그러나 우리는 진지를 사수해야 했다. 최병덕 장군이 헌병을 시켜 후퇴하는 병사는 총살하라는 명령을 내렸기 때문이다.

인민군 전차가 철도를 타고 건너왔다. 60mm 로켓포로 명중시켰으나 급히 멈추었다가 다시 공격해 왔다. 인민군 전차에 대해 아군이 대항할 무기가 없었다.

"후퇴하라"

우리는 평택까지 후퇴해 왔다. 처음으로 UN군의 쌕쌕이가 날아왔다. 파일럿이 공중에서 보니 지상에는 남하하는 군인과 민간인뿐이었다. 그들이 아군과 적군을 구별하지 못하여 마구 쏘아댔다. 우리는 큰 소나무를 잡고 머리는 땅으로 박고 엉덩이는 하늘로 향하여 기어갔다. 이쪽으로 쏘면 저쪽으로, 저쪽으로 쏘면 이쪽으로 수없이 돌면서 간신히 피하였다.

평택역 쪽에는 100칸 정도의 화물 열차에 전상자들이 타고 있었다. 그런데 비행기가 사격을 가하여 모조리 사망케 하였다고 한다.

그 후 충청도 보은 지방의 전투에 참가하였다. 한 전투에서 우리 중대가 풍지박살이 되었다. 우리는 지휘관을 잃고 우왕좌왕하고 있는데 한 장교가 나에게 명령을 했다.

"지프차를 운전하여 산 아래 부락에 가서 포위되어 있는 우리 장갑차 두 대를 구해 와라."

"산 아래에는 전부가 인민군인데 가면 죽습니다."

"안 가면 총살이다."

전시에는 상관의 명령에 불복하면 총살을 당할 수도 있었다.

"넷, 명령에 따르겠습니다."

여하 간에 가다가 죽는 것이 좋겠다 싶어 복창하고 지프차를 몰고 떠났다. 고지에서 하행 길을 1,500m쯤 내려갔는데 집중 기관총 사격을 받았다. 진행하는 하행 길에 지프차를 혼자 가게끔 두고 쏜살같이 뛰어 내렸다. 총탄이 어느 쪽에서 오는지 분간을 못하여 정면에서 온 줄 알고 산 중턱에 앉아서 발포 방향을 점치고 있는데 시간이 1분 정도 흘렀다. 갑자기 정면 논둑에서 나의 복부에 정조정하여 기관총을 발사하였다. 기관총을 고정 상태에서 발사하여도 노리쇠를 칠 때마다 총구가 하향하여 거리에 따라서는 목표물의 30cm 또는 40cm 떨어진다. 인민군이 쏜 기관총 실탄은 나의 발가락 곁에서 수십 발이 떨어졌다. 나는 잽싸게 밑으로 뛰어 내려서 죽음을 면했다. 만약에 인민군이 숙달된 사병이었으면 나의 머리를 조정했을 것이다. 그곳을 조정을 하면 복부에 정통으로 박힌다. 그렇게 되면 나는 다시 살아 나오지 못했을 것이다.

산 고갯길 1,500m를 제일 포복으로 올라가는데 머리카락이 조금만 보여도 기관총 사격을 당할 수 있다. 땅을 지렁이가 기어가듯이 수 시간이 걸려 구사일생으로 고갯길 상봉까지 올라갔다. 얼마나 발광하며 올라왔는지 정신이 혼미하여 하늘이 보이지 않았다. 마침 장교들만 타고 있는 스리쿼터 차가 보였다. 일개 사병인 내가 말도 하지 않고 장교들 차에 올라탔다. 쥐가 고양이 소굴로 들어간 것이나 마찬가지였다. 하나도 겁나지 않았다. 나는 장교들의 얼굴을 쳐다보았다. 거의 죽은 자의 얼굴빛처럼 공포에 질려 있었다. 그들은 장갑차를 타고 반대쪽에 있는 부대에 도착했는데 갑자기 어디선가 총탄이 날아와 장갑차를 관통하여 운전병이 즉사하였다고 한다. 나는 그 장교들을 태우고 부대로 복귀했다.

나는 또다시 지프차 한 대를 운전하여 청주쪽 전투에 참가했다. 그곳에서 우리 장갑차와 인민군 탱크가 산길 커브에서 마주쳤다. 양측의 운전병이 모두 놀라서 당황하여 장갑차는 급하게 후진하여 논바닥에 처박히고 인민군 탱크는 선 채로 회전하다가 한쪽 바퀴의 체인이 길 밑으로 떨어지며 차 밑쪽이 길바닥에 닿았다. 아무리 돌려봐도 한 쪽 바퀴의 체인만 헛돌고 있었다. 급한 나머지 인민군 운전병이 차에서 내려와 논바닥으로 뛰어 도망가는데 때마침 아군 비행기 한 대가 나타나 도망가는 인민군을 향해 기관총사격을 하여 즉사시키고, 탱크를 폭격하자 탱크는 곧바로 화염에 휩싸였다.

나는 지프차를 타고 본부로 가는데 타이어가 펑크 났다. 스페어타이어가 없었다. 그래도 가야 했다. 비포장 자갈길을 계속 달렸더니 타이어는 벗겨져 나가고 호일만 남았다. 그 상태로 수십 리를 달려 부대에 도착하였다.

우리 부대는 싸우면서 계속 남쪽으로 내려갔다. 대구에 집결하여 신병을 보충받고 부대를 재편성하여 팔공산 전투임무를 받았다. 팔공산을 향하여 트럭을 타고 가는데 운전병이 졸아서 차를 전복시켜 버렸다. 나는 논바닥에 거꾸로 처박혀 철모가 논바닥에 들어가 박혔다. 그러나 사병들은 크게 다치지 않았다. 우리는 전열을 가다듬고 다른 트럭을 타고 팔공산으로 갔다.

대구 팔공산 전투에서 우리는 높은 고지를 점령하기 위하여 여러 주간을 싸웠다. 한 개의 산을 두고 계속 전투를 하였다. 몇 십리 밖에서 미군이 포를 쏴 명중시키고, 전투기가 와서 사격을 하여 고지 상봉에는 아무것도 남지 않고 먼지만 폭삭폭삭했다. 그런데 우리가 공격해 올라가면 땅굴 속에서 인민군이 여전히 공격을 했다. 열세 번을 공격하여 실패하고 열네 번째 공격하여 고지 점령에 성공했다. 그리고 다른 후속부대와 교대하였다. 우리가 교대를 하고 십 리도 못 갔는데 고지 상봉에서 인민군의 만세 소리가 들려왔다. 또 인민군에게 점령당한 모양이었다.

전투가 소강상태에 접어들었을 때 우리는 또 대구에 집결하여 다음 전투를 기다렸다. 또 신병을 보충받고 재편성하였다. 다음은 청송 전투에 가야 했다. 그런데 그때 나는 말라리아 병에 걸렸다. 결국 청송 전투에 가지 못하고 여섯 명의 환자와 같이 대규모 방직

회사에서 머물고 있었다. 많이 아픈 것을 방직회사 직원들이 보고 노란색의 건기랍을 주어서 계속 먹었다. 눈동자도 노래지고 얼굴도 노래져서 황색으로 변하였다.

일주일이 되었는데 청송 부대본부에서 전원 청송으로 오라는 전갈이 왔다. 반장갑차를 타고 청송으로 가는데 지프차를 타고 있던 한 장교가 물었다.

"너희들 지금 어디로 가냐?"

"청송으로 갑니다."

"지금 너희들이 온 길은 안동으로 가는 길이다. 차를 돌려 의성으로 가서 청송으로 들어가라."

이 말을 듣고 차를 돌리다가 고장이 났다. 간신히 수리하여 의성에 도착하니 밤이 되었다. 의성에는 연대본부가 있었다. 저녁을 얻어먹고 생각 끝에 여기서 밤을 새고 다음날 아침 일찍 출발하기로 작정하였다.

아침이 되어 갈 길을 쳐다보니 우리 기병대의 말 한 마리가 콩잎을 한 입 물고 도망쳐 오고 있었다. 그 병사를 통하여 사연을 알아보았다.

"밤사이에 인민군에게 완전 포위되어 부대 전체가 박살이 났습니다. 여태까지 부대 전체에 장갑차 몇 대와 기병대 말이 몇 마리 남아 있었는데 모두 박살이 났습니다."

다시 부대가 재편성되었다. 우리는 602 고지를 점령하기 위해 산 밑에서 주먹밥에 쇠고기 한 점 붙은 것을 먹었다. 고지에 올라가기 위해 물을 많이 마시고 수통에 물을 가득히 채웠다. 전투자세로 산을 올라가는데 때가 양력 8월 중순이라 너무나 더워 산을 반도 오르지 못했는데 수통의 물이 떨어졌다. 모두가 눈알이 뒤집힐 정도로 목이 탔다.

이 산은 산 정상이 쌍봉인데 한쪽은 인민군이 있고 한쪽은 우리 군대가 있었다. 어젯밤 전투에서 죽은 인민군 시체에서 썩는 냄새가 열기를 타고 코 안으로 들어왔다. 목이 말라 견디다 못한 대대장이 사병들의 수통을 마구 흔들어 보아도 물이 들어 있는 수통은 하나도 없었다. 화가 난 대대장은 수통을 발길로 찼다. 물이 들어 있는 수통을 가진 사람은 한 사람도 없었다. 대대장이 화가 나서 고함을 쳤다.

"이 새끼들아, 물 없는 수통은 왜 차고 다니느냐?"

이 산봉과 저 산봉에서 교전하는 실탄이 서로 부딪쳐 '챙' 하며 마주치는 소리가 간간이 들렸다. 모두가 물이 없으니 하늘을 쳐다보고 바람을 배속으로 급하게 빨아 넣었다.

차츰 목에 수분이 없어 목구멍이 말라 들어갔다. 목이 말라 양쪽 목구멍이 달라붙어 떨어지지 않았다. 더 급하게 바람을 빨아들이니 위장 가까이까지 말라 들어갔다. 얼마나 급했던지 소변을 손으로 받아서 마시니 더욱 더 죽을 판이었다. 양쪽 목구멍이 들러붙어 떨어지지 않았다. 간신히 목구멍 양쪽을 떼어서 계속 바람을 빨아들여 이제는 종잇조각을 서로 마찰하는 것 같은 소리가 났다. 목구멍에서는 '가삭 가삭' 소리만 났다. 너무 말라서 들러붙지 않았다.

이때 전투가 격렬하여 공격명령이 떨어졌다. 적군을 향하여 공격해 나가다가 모두 인민군의 총알은 아랑곳하지 않고 물을 찾아 산비탈 아래로 내려갔다. 산중턱으로 내려가니 30cm 둘레에 높이 10cm 정도의 녹물이 고여 있었다. 그런데 이 물에는 벌레들이 꽉 차 있었다. 벌레와 같이 물을 빨아 마시는데 다른 놈이 보고 밀어버리고 자기가 남은 벌레들을 마셨다. 산이 가팔라서 한 번 밀려 내려가면 다시 올라갈 생각을 못했다.

나는 쌍봉 중간까지 내려왔다. 물은 보이지 않고 바윗돌을 덮고 있는 돌옷(돌에 붙어 있는 이끼)이 수분에 젖어 있다. 모두가 돌옷을 빨아댔다. 입안에는 이끼만 한 입씩 들어 있었다. 시원한 해갈을 구할 길이 없었다. 산 아래 저 멀리 강물이 흘러 내려갔다. 하염없이 그쪽만 쳐다보고 있는데 갑자기 돌격명령이 떨어졌다. 양쪽 진지에서는 계속 엄호사격을 하고 있었다.

총알이 빗발치는데 '와- 아-' 하는 함성과 함께 돌격해 올라가니 인민군이 도망치기 시작했다. 우리는 인민군을 추격해 저쪽 산 아래까지 도망치게 하고 아군의 사상자를 찾으니 5명이 전사하고 부상자는 보이지 않았다. 인민군이 도망가지 않고 반격을 하였다면 물을 마시지 못한 병사들이라 더 많은 사상자가 나왔을 것이다. 시체를 거두어 인민군들이 파 놓은 호 속에 안장하여 함께 매장하였다.

물은 계속 없었다. 모두가 사경에 이르렀다. 햇볕은 너무나 따갑게 비쳤다. 모두가 허탈 상태에 있는데 하늘에서 난데없이 까만 구름 한 조각이 지나갔다. 안개 빗방울이 소나무 잎에 묻어 있다. 우비를 소나무 밑에 깔고 나무를 흔들거리니 물이 한 나무에서 한

홉 정도 떨어졌다. 모두가 해갈을 면하고 있는데 산 아래 동리에서 인부들이 물과 사과를 지고 올라왔다. 이 산 전투를 마치고 하산하였는데 밭 옆 웅덩이에 물이 차 있었다. 물을 쳐다보고 눈물을 흘리면서 철모를 벗어 물을 떠 한꺼번에 마시고 한을 풀었다.

다음 전투에서는 어느 이름 모를 산을 공격했는데 3일간을 아무런 보급도 받지 못하고 사과밭에서 사과만 따먹고 견뎠다. 뱃속에는 사과만 가득 차 있었다. 항문을 한 번 열면 뱃속에 있는 사과가 소화되지 않고 전부 쏟아져 나왔다. 다시 사과를 따먹기를 되풀이하면서 3일간을 지냈다.

경북 어느 고지에서 전투가 있었다. 경기관총 반장을 맡아서 전투를 하는데 인민군의 사격이 너무나 극하여 기관총 사수에게 뒤로 조금 후퇴하라고 하였다. 한 사병이 총구에 팔을 대고 있는데 또 한 사병이 총을 이동시키기 위하여 방아쇠를 잡고 기관총을 드니 총알이 타다닥 발사되었다. 총구를 잡았던 사병의 팔이 덜렁덜렁거렸다. 이 사병은 입대하여 첫 전투였는데 자기의 부주의와 훈련 부족으로 부러진 팔을 안고 후송되었다.

전투가 격렬하여 수랭식 기관총에 물이 떨어졌다. 총열이 부글부글 끓기 시작했다. 물이 없어 급한 나머지 분대원 전원이 와서 총에 소변을 보라고 하였지만 불가항력이었다. 얼마나 쏘아 댔는지 총열이 달아서 연기만 무럭무럭 났다. 총알은 가까운 골에서 떨어졌다. 쌍방이 똑같은 사정일 것이었다.

얼마 있다가 소총 부대가 공격하기 시작하였다. 경기관총 발사를 중지하고 소총부대의 후미로 가서 다시 공격을 시작하였다. 드디어 고시를 점령하고 총열을 살펴보니 총열에 흠이 생겼다.

전투를 끝내고 우리는 다시 대구의 어느 초등학교에 집합하여 신병을 보충받아 부대를 재편성하였다. 그때가 음력으로 7월 22일이었다. 다음날 7월 23일은 내 생일이었다. 생각해 보니 내일 출동하다 죽을지도 모르는데 오늘 미리 생일을 챙겨 먹어야겠다고 생각하고 남몰래 부대를 빠져나와 대구 시내에 있는 포장마차에 들러서 봉급으로 받은 천 원으로 소주 두 잔과 우동 한 그릇을 사 먹었다.

부대로 돌아오니 즉시 경주로 출동하라는 명령이 떨어졌다. 경주에서 어느 미군부대가 전멸당했다고 한다. 경주에 도착하여 전투행군을 하는데 보충받은 사병이 총을 오발하여 부상자가 생겼다. 여기서부터는 더 이상 인민군이 남쪽으로 오지 못하도록 하라는 임무였다. 경주의 산봉을 지키기 위하여 필사적으로 전투를 해야 했다. 저녁밥도 먹지 못하고 종일토록 행군하여 밤에 어느 고지에 도착하였다. 대원을 배치하고 전원에게 전투자세를 환기시켰다.

"만약에 눈을 감고 조는 사람이 있으면 인민군이 와서 귀를 잘라 가니 절대로 조는 자가 없도록 하라."

산의 상봉에는 인민군이 파 놓은 호가 있었다. 그곳에 두 명을 배치하고 나는 산의 지형을 대략 살펴보았다. 휴식할 곳을 찾았는데 마땅한 곳이 없어서 상봉에 다시 올라가 보니 두 사람의 병사가 졸지 않고 잘 지키고 있었다.

나는 그 옆에 앉아서 총을 호 위에 두고 졸고 있었다. 가을이 가까운 날씨라 아침과 저녁은 매우 쌀쌀하였다. 얼마나 졸았는지 모르는데 호 위에서 수류탄이 한 발 터졌다.

'이놈들이 수류탄을 오발했나?'

마음속으로 이렇게 생각하는데, 또 한 발이 바로 호 옆에서 터졌다. 흙이 호 안으로 쏟아졌다. 급하게 눈을 떠 전방을 쳐다보니 5m 앞까지 인민군 둘이 올라와 있었다. 총을 잡아 방아쇠를 당길 사이도 없이 뒤로 5m 정도 물러서 엎드렸다. 인민군은 호 안으로 따발총을 대고 이리저리 쏴댔다. 호 속에 있던 두 사병의 신음소리가 들렸다. 다음 차례는 나에게로 총알이 올 것이었다. 머리, 등, 다리, 어느 쪽으로 총알이 날아올지 모르는 죽기 직전 순간이었다. 우리 집 식구들의 얼굴들이 눈 속에서 활동사진처럼 어머니로부터 시작하여 차례차례 지나갔다. 아주 짧은 순간이었다. 총알은 오지 않았다. 철모를 들어 그쪽을 쳐다보니 인민군 두 놈이 엎드려 반대 방향을 쳐다보고 있다. 내가 여기 있는 것을 모르는 모양이다. 허리에 차고 있던 수류탄을 한 손으로 벗기려고 하는데 말을 듣지 않았다. 하는 수 없이 산 아래로 뛰었다. 인민군 수류탄이 뒤에서 터졌다. 산 아래 계곡으로 내려가니 지휘관을 잃은 병사들이 우왕좌왕하고 있었다. 공포를 한 방 쏘아 조용하게 하고 말했다.

"여기서 전방 100m쯤 가면 신작로가 나온다. 그곳에서 북쪽으로 전투 행렬을 지어 날이 밝을 때까지 가서 멈추어 기다려라."

고참병 세 사람만 뒤에 남았다. 세 사람이 공격해 올라가려 하니 인원이 너무 부족하였다. 논에 숨어 고참들이 몇 명 더 모이도록 기다렸다. 날이 밝을 때까지 고참 수 명이 더 모였다. 모여서 공격해 올라가니 인민군은 간 데 없고 호 속에는 두 명의 병사만이 담요를 덮은 채 죽어 있었다. 호 위에 흙을 대충 맨손으로 덮어 주었다. 산비탈에는 미군의 시체가 고성에 무너진 돌담처럼 여기저기 흩어져 있었다. 매일같이 오는 비에 시체들이 불어서 짐동같이 커져 있었다.

매일같이 오는 비에 군복이 젖고 배가 차가워져 이질이 걸렸다. 약이라는 것은 약자도 모르는 형편이었다. 아픈 상태에서 전투가 수없이 반복되었다. 낮에는 우리가 고지를 빼앗고 밤이면 인민군에게 다시 빼앗기곤 하였다. 전진했다가 후퇴하기를 수없이 되풀이하면서 삼사일 간격으로 접전이 이루어졌다.

가을에 접어들면서 전세가 바뀌었다. 인민군은 무기와 장비가 떨어졌고 사기도 떨어졌다. 우리가 공격하는 대로 인민군은 순순히 물러섰다. 우리는 계속 인민군을 밀고 북으로 올라갔다. 북진하여 가는 길에 어느 목적지에 도착했는데 소대장님이 오지 않았다. 인민군 낙오병들이 뒤떨어져서 혼자 오는 소대장을 유인하여 콩밭에서 사살하였다고 한다. 이 소식을 듣고 중대장이 나를 불러 명령했다.

"콩밭을 공격하여 소대장의 시체를 찾아오라."

고참병 다섯 명을 골라 콩밭 쪽을 공격하는데 경계담을 하나 넘으면 조밭이고 그 다음이 콩밭이다. 수류탄 한 발씩을 적진 쪽으로 던지고 담을 넘어 조밭에 들어갔다. 제일포복으로 콩밭 경계담까지 갔다. 거기서 다시 수류탄 한 발씩을 콩밭 쪽 적지에 던지고 일제히 경계담을 넘어 콩밭에 들어갔다. 그때 적지로부터 갑자기 기관총 사격이 가하여졌다. 옆에 있던 사병의 철모에 실탄이 들어와 철모 안에서 뱅뱅 돌았다. 아무도 부상은 당하지 않았다. 너무나 사격이 심하여 다시 담을 넘어 본 위치로 돌아왔다. 빈손으로 돌아온 우리를 보고 중대장은 화를 냈다.

"다시 적을 공격하고 소대장의 시신을 수습하라."

중대장의 명령을 받고 다시 공격하기 위해 출동하려고 군장을 정비할 때였다. 한 사병이 갑자기 배를 움켜잡고 땅바닥에 구르기 시작했다.

"아이고 배야! 배가 터질 것 같아요."

이번에는 들어가면 틀림없이 죽는다는 생각 끝에 꾀병을 부렸다. 하는 수 없이 다른 사병을 교체하여 전과 같은 방법으로 밀고 들어갔다. 콩밭에는 소대장의 시체와 아군복장을 한 인민군의 시체가 있었다. 소대장 시신의 양쪽팔을 둘이서 잡고 제일 포복으로 밭고랑을 나오는데 소대장의 머리가 밭고랑에 부딪혀 한 고랑 한 고랑을 어렵게 넘었다. 담벽을 넘기는데 둘이서 시체를 한 사람은 등쪽을 잡고 한 사람은 허벅지를 잡고 하나 둘 호령을 붙여 넘기고 우리도 넘었다. 소대장의 시체를 담요에 싸서 밭 언덕에 대충 묻어 장례를 지냈다. 사병들이 분을 참지 못하여 인민군의 시체에 분풀이를 하고 요동을 쳤다.

우리 부대는 북진 행군 도중에 인민군 병력을 발견하여 포위망을 좁혀놓고 전투개시를 곧 시작하려 하였다. 그때 한 사병이 말했다.

"저는 산 아래 동리에 내려가서 닭을 한 마리 잡아서 삶아 오겠습니다."

생각해 보니 자기는 전투에서 죽으면 절대로 안 된다는 의미였다. 하는 수 없이 갔다 오라고 했다.

그때부터 한참 동안 격렬한 전투가 벌어졌다. 인민군들은 자기들이 파 놓은 호 속으로 일렬로 도망을 갔다. 그들을 뒤에서 기관총으로 사격하였다. 좁은 호 속에서 하나가 총을 맞아 쓰러지고, 다음 사람이 그 위에 쓰러지고, 그 위에 다섯 명이 같이 쓰러졌다. 우리는 쓰러진 인민군 병사들 위를 팔로 짚으면서 넘었다. 밑에 있는 병사가 "으악!" 하며 비명을 질렀다. 총을 맞고 호 속에서 그대로 쪼그리고 앉아 있는 병사도 있었다. 얼굴과 입술이 까맣게 탔다. 한판의 전투가 끝났다. 죽은 자가 20여 명이고 생포된 자가 10여 명이다. 아군의 피해는 한 명도 나지 않았다. 죽은 자의 시체가 모두 엎어져 있었기에 병사들에게 명령을 했다.

"시체들의 가슴이 하늘을 보도록 뒤집어 놓으라. 그리고 시체의 호주머니에 들어 있는 담배를 너희들 호주머니에 넣으라."

박격포도 5문을 노획했다. 전투가 다 끝이 났는데 닭을 잡으러 간 사병이 닭 한 마리를 잡아 삶아서 왔다. 그 사병에게 시체를 뒤집어라 하니 하나도 뒤집지 못했다. 너무나 겁쟁이였다.

전투가 끝나고 다시 북으로 행진하여 갔다. 조그마한 강둑길을 행진해 가는데 전방의 고지에서 박격포 탄이 날아와 나의 발 옆 강벽 아래에 떨어져 폭발하였다. 강둑 위에서 폭발하였으면 나는 폭음과 함께 천국으로 갔었을 것이다. 하나님의 도우심을 받아 천

국행을 연기받았다.

　　어느 산 고지에서 노무대 인부가 주먹밥을 가마니에 넣어 지게에 지고 올라왔다. 전쟁 때 30대 사람들이 노무대로 소집되어 전선에서 밥과 탄약 나르는 일을 했다. 인부가 배식하기 위하여 가마니 속으로 엎드려 밥을 끄집어 내는 순간 박격포 탄이 날아와 인부의 등에 떨어져 폭발하였다. 인부의 양팔과 양다리가 이쪽저쪽 나무에 걸렸고 창자와 몸의 모든 부분들이 산산조각이 되어 흩어졌다. 팔과 다리, 그리고 다른 몸조각을 거두어 호 속에 넣고 흙을 덮었다. 우리는 손도 씻지 못하고 그 손으로 다른 인부가 배식하는 주먹밥을 받아먹었다.

　　북진을 계속하는데 인민군의 저항이 별로 없이 행군하다 보니 벌써 삼팔선이 다가왔다. 삼팔선을 넘으면서 눈물이 핑 돌았다. 감격의 눈물이었다. 삼팔선 중간에 한 채의 초가가 있었다. 마당가에 한 그루의 감나무가 있었다. 마당에는 잡초만 무성하고 지붕은 초라하게 썩어 모양이 처량하였다. 잡초 위에 떨어져 있는 홍시 감을 몇 개 주워 먹으면서 생각했다.

　　'전쟁 중 임자가 없는 감나무에도 하나님은 감이 열리게 하여 홍시가 되게끔 하는구나.'

　　하나님은 평등하심을 알았다. 다시 행진해 가는데 전달이 왔다. 이북 쪽으로 넘어가면 사과나 과일을 줄 것이니 고맙게 받아서 호주머니에 넣고 먹지는 말라고 하였다. 혹시나 독이 들어 있는지 모르니 먹지 말라는 명령이었다. 이북 쪽으로 넘어가니 북쪽의 사람들이 만세를 부르며 길가에 사과 상자를 쌓아두고 우리 군인들에게 나누어 주었다. 고맙다고 하며 사과를 받아 호주머니에 넣고 한참 가다가 내가 말하였다.

"내가 먼저 먹을 테니 무사하면 너희들도 먹어라."

나는 사과를 한 개 먹었다. 맛이 있었다. 30분쯤 걸어가도 아무런 독의 반응이 없었다. 모두 사과를 먹어도 무방하다 하여 일제히 사과를 먹으면서 행진하여 북으로 갔다.

원산을 점령할 때 접전이 있었다. 인민군의 소수가 사살되고 무사히 시내로 들어갔다. 시민들이 우리에게 귀띔을 해 주었다.

"인민군이 형무소의 죄인들을 모두 박살내고 달아났습니다."

우리는 함경남도 여흥에 도착하였다. 산길 중턱을 가로막고 인민군의 낙오병을 모았다. 삼팔선 이남까지 가서 전투한 사람을 골라 선악을 가르고, 심사를 하여 집에 보낼 사람은 해산시켜 보냈다. 우리는 승전하여 전진하는 판이라 낙오병들에게 선심을 많이 썼다. 낙오병 중 의심이 가는 한 명이 자기는 인민군이 아니라고 고집하기에 연대 정보과에 이첩시켰다. 몇 시간 후에 보니 자기가 묻힐 곳을 삽으로 파고 있었다.

어느 산 밑에서 동네 사람들에게 부탁해서 부대 부식용으로 소를 잡는데 인민위원장 부인이라 하는 여자가 소 잡는 것을 도와준다고 하며 소고기를 만졌다. 그런데 그 여자의 손이 지나간 소고기에는 색깔이 변하였다. 조사해 보니 손에 독약을 바르고 와서 소고기에 문질렀다.

"이런 악독한 년! 총살형에 처해라."

여인을 산 중턱의 우리가 있는 곳까지 데리고 왔다.

"잘못했어요. 한번만 살려주세요."

"필요 없다. 앞으로 걸어가라."

울면서 살려달라고 애원하는 여인을 앞으로 걸어가게 하고 신병 중에 겁쟁이 세 명을 골라 사격을 하게 했다.

"쏴라!"

명령에 따라 신병들이 사격을 했으나 아무도 맞추지 못하였다. 총소리에도 무사함을 안 여인은 계속 걸어갔다.

"너희 사격수들이 무릎 쏴 자세로 사격하라."

"탕탕탕!"

세 발이 모두 명중하였다. 여인은 총을 맞고 한 바퀴 빙그레 돌아 뒤로 돌아 누워 영원한 잠으로 떨어졌다. 여자는 총을 맞고 죽으면 반드시 누워서 죽는 것이 본능인 것 같았다. 남자는 총을 맞으면 모두 엎어져서 죽는다. 다음날 아침에 한 노인이 와서 시신을 거두어 갔다.

여흥을 떠나 종일토록 행군해 가다가 날이 저물어 한 동리에서 저녁식사를 하기 위하여 멈추었다. 이북 돈으로 6월짜리 큰 돼지 한 마리를 사서 대원들을 시켜 잡아 저녁식사의 부식으로 먹었다. 방이 비좁아서 소대장과 나, 그리고 소대 연락병과 셋이 딴 빈집으로 이동하여 머물고 있었다.

그때 산으로 피난 갔던 이 집 주인영감이 소달구지에 짐을 싣고 주인마님과 큰딸, 둘째딸을 데리고 돌아왔다. 집이 큰 집이라 방이 네 개나 있었다. 저녁식사를 마치고 피난 갔던 이야기를 듣고 있는데 18세 되는 예쁜 작은딸이 나에게 다가와서 말했다.

"제가 계급장을 수놓아 만들어 드리겠어요."

나는 너무나 호감이 가서 몸 둘 바를 몰랐다. 이 세상에 태어나 처음으로 처녀에게서 풍기는 고마움과 대화였다. 수줍은 마음으로 가슴을 두근거리며 계급장을 수놓아 만드는 것을 구경했다.

일등중사 계급의 세 개의 V자형과 밑에 작대기 한 개 가운데 V자 세 개는 완성이 되고 작대기를 만들라는 순간 출동 명령이 하달되었다. 빨리 행장을 챙겨서 소대 연락병과 같이 대문 밖으로 나왔다. 처녀가 따라 나와 나를 전송하였다. 나는 이 세상에서 처음으로 처녀에게 큰마음을 먹고 악수를 청했다. 처녀는 손을 주지 않았다. 연락병이 곁에 있어서 그런 것 같았다.

"연락병, 너는 먼저 떠나라."

연락병을 보내고 악수를 청하니 그때서야 악수를 받아 주었다. 처녀는 수줍어서 어쩔 줄을 몰라 하는데 나는 너무나 아름다운 처녀라 손을 놓을 수가 없었다.

"우리 집이 기차역 옆에 있으니 전쟁에서 승리하시고 돌아가실 때 기차에서 불러 주시면 뛰어 나갈 테니 꼭 잊지 말고 불러 주세요."

처녀는 몇 번이고 당부하였다. 그러겠다고 다짐하고 헤어져 행군대열에 끼어 가는데 처녀의 환상이 앞을 가로막아 도랑에 헛발을 디디는 수가 허다하였다. 내 마음이 전부 그 아가씨에게 가 있었다. 아무리 잊으려고 해도 계속해서 그 예쁜 처녀의 환상이 앞을 가로

막았다. 그러다 보니 부대가 보이지 않았다. 부대를 찾기 위하여 얼마나 뛰었는지 처녀도 환상도 모두 잊어 버렸다. 그 이후로는 여자와 대화를 할 일이 없었지만, 전혀 하지 않기로 하였다. 전쟁 중에 여자를 취한 사람은 삼 일이 못가서 죽는 것을 많이 보았다.

길주를 점령하기 위하여 어느 길 부근 산기슭에서 철도 옆의 부대가 머물고 대공표시를 해 놓고 적진의 산봉을 향하여 전투할 작전을 구상하고 있는데 비행기 네 대가 날아와서 전방의 산봉을 갈기갈기 사격하여 아군의 전진을 용이하게 도와주었다. 산을 점령하고 산을 넘어 들판에 대공표시판을 펼쳐 두고 다음 산에 전투를 시작하여 공격을 하며 올라가는데 소총반보다 우리 경기관총반이 먼저 산 위에까지 올라갔다. 공격이 너무 빨라서 대공표시판이 미처 따라오지 못하였다. 아군의 비행기가 와서 아군진지에 무차별 사격을 했다. 우리는 아군의 비행기인 줄 알기에 모두 몸을 숨기지 않고 철모를 벗어서 흔들어 댔다. 비행기는 사격을 중지하고 여러 차례 실탄을 쏘지 않고 공중을 돌면서 비행하다가 우리가 아군인 것을 확인하고 앞쪽에 있는 인민군 진지에 공격을 시작했다. 우리가 공격해 올라가 산꼭대기가 30m쯤 남아 있을 때 돌격을 시작하였다. 그 때 비행기는 사격을 중지하고 엄호비행을 계속해 주었다. 산봉우리를 점령하는 데 얼마나 수월했는지 모른다.

길주를 점령하기 위하여 좌우편에 일 개 중대씩, 전면에 일 개 중대, 모두 세 개의 중대가 공격해 들어갔는데 우리는 좌편의 공격 중대였다. 좌우편에서는 산을 타고 전진이 수월한데 길주 앞 들판이 직행 30리 들판이라 중앙의 공격 중대가 인민군 직사포에 밀려 공격이 늦어지고 있었다. 드디어 세 개 중대가 공략하여 산꼭대기를 점령하였다.

그런데 아무리 기다려도 밥이 올라오지 않았다. 배가 고파 허기지고 추위가 겹쳐 손과 발이 얼어 버리는 지경에 이르렀다. 불을 피울 수가 없어 조그마한 삭달이를 모아 반딧불같이 피워 놓고 손을 쬐는데 한 사람이 손을 들어 밀면 어느 사이에 딴 사람 손이 밑에 있었다. 하는 수 없이 점령했던 산을 포기하고 산 밑으로 내려와 연대본부에서 밥을 얻어먹고 불을 쪼이니 지상낙원이 그것이었다.

불을 쬐며 놀고 있는데 중대장에게서 전갈이 왔다.

"김석춘은 중대장 앞으로 빨리 오라."

즉시로 뛰어가 중대장을 뵈니 명령을 하달했다.

"경기관총반을 다른 선임중사에게 맡기고 김 중사는 인민군에게서 노획한 트럭을 운전하라."

대원들과 순간적으로 이별하니 모두가 울기 시작했다. 눈물을 머금고 서로 이별하고 나는 즉시 실탄을 싣고 각 전선에 실탄을 보급하였다. 하룻밤을 지나고 다음날 아침에 길주 시내를 완전 점령하였다.

나는 차를 타고 내가 속해 있던 경기관총반을 찾아보았다. 그런데 대원들이 전투에서 모두 죽고 세 명만 살아남았다. 나는 땅을 치며 통곡했다.

'내가 있었으면 죽지 않았을 것인데…'

사실을 알아보니 행군해 들어가 전투배치도 하기 전에 인민군 박격포탄이 날아와 한 방에서 수십 명이 같이 죽었다고 한다.

길주 변두리 어느 사과밭을 찾아 주인에게 사과 한 상자를 달라고 사정하였다.

"2년 동안 농사해서 지은 것이 조금밖에 되지 않아서 안 됩니다."

농부는 거절했다. 나는 땅에 떨어져 있는 사과 한 개를 집어 멀리 던져 놓고 칼빈총을 쏘아 반으로 쪼개 터트렸다. 나의 사격 솜씨를 좀 보여 준 것이었다. 나의 사격 솜씨를 보자 주인이 태도를 바꾸면서 말했다.

"남반부 군인들은 사격술이 대단합니다."

그는 칭찬을 아끼지 않으면서 사과 세 상자를 주었다. 사과를 중대원들이 잘 먹었다.

길주를 점령하고부터는 전진길이 빨라졌다. 인민군의 저항도 별로 없었다. 하루에 백리 가까이 전진하였다. 나는 자동차 한 대를 가지고 중대 살림을 하기 위해 연대본부, 대대, 중대 사이를 3, 4회씩 왔다 갔다 해야 했고 부대이동을 따라 중대 이삿짐을 실어 날라야 했다.

밤늦게까지 나 혼자 산길을 넘어 다녀야 하는데 이북의 산 중턱에는 군데군데 천하 대장 군상들이 세워져 있었다. 한 손에는 총을 잡아 앞 유리에 대고 한 손으로 운전을 하는데 갑자기 나타난 천하 대장군상을 인민군인줄 알고 깜짝 놀라서 당황한 일이 몇 번이나 있었다. 그때 심정을 말로써는 다 표현을 못한다. 얼마나 놀랐는지 식은땀이 와락와락 솟아났다. 이동을 하면 밤사이에 이삿짐을 모두 실어 날라야 했다. 그리고 다음날 전진거리를 또 되풀이하여야 했다.

전투 병력이 부족하여 자동차에는 조수도 없었다. 지명도 모르는 삼수갑산 쪽으로 간다고 가다가 산세도 험하고 밤이 되어서 산 아래 평탄한 골에서 대대병력이 밤을 새우는데 연대본부의 실탄을 실은 트럭 운전수와 대대본부의 밥을 실은 트럭 운전수가 찾아와서 30리 거리에 있는 후방 시내에 가서 자고 오자고 권했다.

"거기에 가면 주색도 있을 것입니다."

이들이 한사코 권했다.

"나는 중대장님의 명령에 따르겠다."

나는 중대장을 찾아가 중대장께 여쭈었다.

"김 중사가 알아서 해라."

나는 생각 끝에 그들에게 말했다.

"우리가 아무리 전투에 이기고 있다 해도 급하게 전진하고 왔기에 인민군의 낙오병이 처져 있을 것이다. 아무래도 병력이 집결되어 있는 곳이 안전할 것 같다. 나는 가지 않겠다."

두 대의 트럭은 시내 쪽으로 갔다. 얼마의 시간이 지난 뒤에 시내 쪽 후방에서 격렬한 전투가 벌어졌는지 하늘이 진동하리만큼 총탄과 포탄이 터져 울렸다. 대단한 병력이 교전하는 것 같았다. 전투가 너무나 격렬한 모양이라 대대장이 명령했다.

"내가 권총을 쏘면 제관들은 각기 가진 총에 실탄을 장진하여 모두 하늘을 향하여 일제히 쏴라."

대대병력이 일제히 공포를 쏘아 여기도 큰 병력이 있다는 알림

술이었다.

다음날 아침이 되어 시내 쪽으로 트럭을 운전하여 가는데 도중에 우리 트럭 두 대가 모두 불에 타 있었고 운전수 두 명도 불에 타 죽었다. 그 중 한 명은 나와 둘도 없는 동기생이었다. 밥을 실은 트럭의 배식하는 여인 두 사람은 살아서 시내에 있었다.

"큰 바위 덩어리를 길 복판에 굴려다 두고 인민군 여러 명이 양쪽에서 기다리다가 차가 가지 못하고 멈추어 서는 순간 양쪽에서 총을 쏘아 그분들을 죽였습니다. 우리는 트럭 뒤에서 뛰어 내려 산 쪽으로 도망쳐서 살았습니다."

밤사이의 소란은 실탄 실은 트럭이 폭발하며 터지는 소리였다. 내 동기생은 불에 타서 입을 꽉 다문 채 양팔은 오그라졌고 다리는 오그라들어 개미다리를 하고 죽었다. 나도 어젯밤에 같이 갔으면 저 모양이 되었을 것이라 생각하면서 현장을 수습하고 시내로 갔다. 죽고 사는 것이 일순간의 차이라 생각하니 누군가가 방향을 잡아 주셨기에 살아남았다는 것을 뒤늦게 알았다. 이 모두가 하나님 아버지께서 방향을 잡아 주신 것을 깨닫고 감사했다.

우리 부대는 삼수갑산 쪽을 포기하고 북경성을 거쳐 청진을 옆길로 질러가서 청진과 나진 사이에서 회령으로 들어가는 길로 전진해 나갔다. 두만강까지 3백 리가 남았다고 했다. 이제부터 삼일만 더 하면 전쟁이 끝난다고 생각하였다.

그런데 난데없이 후퇴 명령이 하달되었다. 트럭에 있는 실탄을 모두 내려놓고 회령 쪽으로 가 후퇴하고 있는 병력과 배낭을 실고 오라는 명령이 떨어졌다. 그때 나는 경기관총 반을 선임중사에게 맡기고 인민군에게서 노획한 트럭을 운전하여 전투부대를 돌며 무기와 탄알을 공급하는 임무를 맡고 있었다. 급하게 회령 쪽으로 가려고 태산을 넘어가는 중간쯤에서 경기관총 반에 같이 있던 전우가 손을 흔들어 차를 세웠다.

"너는 어제 대전차지뢰를 밟아 죽었다고 들었는데 살아 있었구나."

그 친구는 나를 보자 무척 반가워하며 말했다.

1,500m 고지나 되는 태산을 넘어 쏜살같이 달려 평지에 도착하여 논길로 들어섰다. 논길에 들어서서 100m도 못 갔는데 좌측 앞바퀴가 빠져 나갔다. 차가 논둑에 처박혔다. 만약 태산의 내리막길에서 바퀴가 빠졌으면 아마 나는 뼈도 못 추렸을 것이다. 후퇴하던 중대장이 보고 나에게 차를 불사르고 오라고 명하였다. 나는 근처의 민가에 가서 어떤 할아버지의 화롯불을 빌려 와 휘발유 탱크 코크에 불을 붙였다. '펑'하는 소리와 함께 나의 눈썹과 머리가 일부 타 버렸다. 그런데 차에 불이 붙지 않았다. 나는 총으로 휘발유탱크를 쏘아 차에 불을 붙였다.

그 사이에 우리 부대는 모두 후퇴했고 나는 혼자 외톨이가 되었다. 어떻게 해서든지 흥남부두까지 후퇴해야 했다. 며칠을 걸어야만 흥남에 도착할지도 몰랐다. 후퇴대열에 끼어 걸어가다가 다른 부대의 수송차가 지나가면 올라타고 가기도 하고, 내려서 후방부대가 올 때까지 눈을 붙이며 기다리기도 하다가 어느 역에 도착하여 기차를 탔다. 거기에는 군인들이 가득 차 있었고 쌀과 부식들도 실려 있었다. 내가 탄 화물차는 다섯째 칸이었다. 기차가 출발하여 한 시간쯤 갔는데 굴을 지나고 높은 다리를 지나고 또 굴에 들어가려는 찰나에 내가 탄 다음 칸이 떨어져 나가면서 뒤의 칸들이 일부는 전복되기도 하고 일부는 파산되기도 하였다.

그런데 기차는 서지 않고 그대로 진행했다. 굴을 지난 다음 우리는 공포사격을 하여 기차를 멈추게 하였다. 누군가가 기관사와 대화를 한 후 기차는 다시 출발하여 다음 역까지 가서 섰다. 그러나 아무리 기다려도 기차가 다시 출발할 기미를 보이지 않았다. 우리는 모두 내려 흥남을 향해 걷기 시작했다. 얼마 가다가 나는 지나가는 다른 부대의 자동차를 얻어 타고 수십 리를 달려 어느 곳에 도착했다. 도보로 오는 우리 부대를 생각하니 내일 쯤 그곳에 도착할 것 같았다.

우리 부대를 기다릴 겸 나는 그곳에서 잠을 잤다. 다음날 아침에 일어나 보니 우리 부대가 새벽에 벌써 지나갔다고 하였다. 나 혼자만 다시 뒤에 떨어진 상황이 되었다. 당황하여 다시 수소문해 보았더니 어떤 사람이 나를 안심시키며 말했다.

"부대에서 여기에 부식물을 남겨 두고 갔소. 아마 몇 시간 후에 부대 차가 올 것이오. 그러나 여기서 기다려 보시오."

얼마 후 우리 부대 차가 왔다. 나는 운전병과 함께 부식물을 차에 싣고 오버를 덮어쓰고 잠을 자면서 갔다. 운전수가 천지가 흰색으로 덮인 눈길을 달려가다가 도랑둑이 길인 줄 알고 핸들을 급회전시켰다. 트럭은 전복되어 도랑에 처박혔다. 나는 도랑으로 굴러 떨어졌고 운전병은 트럭에 깔려 압사하였다. 나는 부락사람의 도움으로 도랑에서 둑으로 올라왔다. 내가 입은 옷이 금방 얼음덩어리가 되었다. 부락사람들이 물을 끓여 와서 추위를 덜어주었다. 부락사람들이 고마웠다.

나는 다른 트럭을 타고 한 시간 후에 연대본부에 도착하였다. 주방을 찾아 대충 허기를 면하고 방 안을 들여다 보니 대원들이 아랫목이 너무 더워 비워 둔 채 잠을 자고 있었다. 나는 얼씨구나 하고 얼어서 유리조각같이 된 옷을 그대로 입고 호망천지 깊은 잠에 빠졌다. 아침에 일어나 보니 옷에서 떨어진 흙먼지가 수북하였다. 중대장을 찾아 자초지종을 보고했다. 내 보고를 들은 후 중대장은 다시 나에게 명령을 했다.

"김 중사는 지금부터 박격포반을 맡아 지휘해라."

나는 박격포반을 인솔하고 흥남부두까지 걸어서 강행군으로 길을 재촉하였다. 피난을 가는 민간인이 인산인해를 이루어 행군에 막대한 지장을 받으며 걸었다. 흥남부두 가까이 가니 사람들이 인산인해를 이루어 부두에 접근하기가 대단히 어려웠다. 함경남북도의 모든 사람들이 남으로 가려고 흥남부두로 몰려온 것 같았다. 행군 중 부락들을 지나면서 보니 집에는 걸을 수 없는 할머니, 할아버지만 남아 있었다. 부둣가에 먼저 도착한 사람들은 첩첩이 밀어닥치는 사람들에 밀려 바다로 빠지는 사람들이 허다하였다. 많은 사람들이 허리까지 차는 바닷물 속으로 밀려들어가 배 타기를 기다리고 있었다.

우리 부대는 흥남부두에서 며칠 기다렸다가 미국 군함을 탔다.

군함에는 군인들만 아니라 민간인들도 많이 타고 있었다. 항해 중 배가 흔들려 포열이 배 밑창으로 떨어졌다. 다행이 부상자는 발생하지 않았다.

며칠 만에 우리 부대가 탄 배는 묵호에 도착하였다. 하선한 우리 부대는 군비를 정돈하고 강릉 쪽을 향하여 공격하며 다시 북진을 시작하였다. 내가 지휘하는 박격포반이 강릉 쪽 어느 산 아래서 모두 전방 고지를 목표로 박격포를 쏘아 대는데 그중 일문의 포열에서 발사가 안 되었다. 수없이 포탄을 많이 쏘아 댔지만 불발은 처음 있는 일이었다. 불발 처리를 생각하니 하늘이 캄캄하였다. 내가 신병 훈련 때 훈련은 받았지만 실습은 한 번도 안 해 봤다. 포탄을 포열에 집어 넣을 때 포탄의 앞쪽 안전핀을 뽑고 넣었기 때문에 탄의 앞쪽이 조금만 부딪쳐 압력을 받아도 폭발한다. 포열을 거꾸로 들어 포구까지 내린 다음에 포구까지 내려온 포탄을 앞쪽 뇌관을 다치지 않고 받아야 된다. 만일 포탄의 뇌관에 손이 닿으면 포탄이 터져 사방 30m 안에 있는 사람은 죽거나 부상을 당한다. 대원들을 안전하게 먼 곳으로 대피시키고, 그 중에 제일 영리한 사람을 한 명 뽑아 포열을 들게 하고, 나는 포구에 손을 대고 포탄이 내려오기를 기다렸다.

"포열을 조금 더 들어 올려, 조금 더, 조금 더."

내가 지시하는 사이에 포탄이 손에 닿았다. 순간 천지가 캄캄하고 머리털이 일제히 빳빳하게 섰다. 포탄을 잘 받아서 안전핀을 다시 꼽고, 부하에게 밭 언덕에 묻으라고 지시하고, 다시 전방을 향하여 포를 발사하기 시작하였다.

수없이 많은 전투 끝에 강릉 대관령 좌편 산까지 점령하여 들어갔다. 대관령 좌편 산상봉을 주간에는 점령하고 야간에는 후퇴하기를 수없이 거듭하였다. 산 중턱을 지나가는데 어젯밤 전투에서 죽은 인민군 병사들의 시체가 여기저기 널려 있었다.

다음날이 음력으로 우리나라 설날이라 하였다.

"내일이 설날인데 그믐날 미리 세배 인사하는구나."

남자는 총을 맞으면 모두 앞으로 엎어져 죽는다. 나는 겁쟁이 신병들을 불러 명령했다.

"시체를 뒤집어서 담배를 끄집어 내어 너희들의 호주머니에 넣어라. 배낭에 들어 있는 밀, 콩, 옥수수, 볶은 것을 호주머니에 넣어라. 열심초가 나오면 나도 좀 달라."

열심초는 인민군 장교만 피우는 담배인데 열심히 빨지 않으면 불이 꺼짐으로 열심초라 명명하였던 것이다.

하루는 대관령 좌편 산 중턱에서 대관령 고개 밑의 조그만 부락을 향해 기관총으로 겨누고 밤을 새웠다가 아침 일찍 집합하여 점호하는 인민군들에게 집중사격을 하였다. 인민군이 놀라서 흩어져 앞산을 향해 도망가는 것을 아군이 추격하여 모두 소탕하고 여자 군인 세 명만 생포하여 왔다. 우리가 대관령을 점령하고 진부령 쪽으로 공격해 가는데 인민군 한 명이 계속 피를 흘리며 눈 위로 10리 정도 도망쳐 가다가 어느 부락에서 쓰러져 죽었다. 총을 맞은 곳을 찾아보니 발뒤꿈치에 약간의 부상이었다. 계속 피를 흘려 피가 부족하여 죽은 것이다.

우리는 가다가 날이 저물어 높은 산 아래 동네에서 밤을 샜다. 전방 고지에서 인민군이 딱꿍총을 우리 후방 보급소를 목표로 쏘아댔다. 밤중에 각 초소를 순찰하면서 지휘관들의 숙소를 돌아보았다.

　장교들의 숙소에는 아이가 딸린 한 여인도 있었다. 아침 4시에 식사를 마치고 모두가 앞산 쪽으로 공격해 올라가는데 아기 업은 여인이 한사코 우리와 같이 가야 한다며 산을 따라 올라왔다. 나는 여인을 달래다 달래다 막무가내여서 결국 호주머니에 있던 양말 두 켤레를 주면서 달랬다. 그녀는 하는 수없이 산을 내려갔다. 나의 전 재산이 양말 두 켤레뿐이었는데 너무 섭섭했다.
　우리는 아침부터 계속해서 산을 타고 전진해 갔지만 인민군은 나타나지 않았다. 해가 서산으로 기울 때 저녁노을이 찬란하다고 느꼈는데 인민군의 딱꿍총이 딱꿍하고 반항했다. 우리는 모두가 공격태세로 들어갔다. 박격포반은 야간에 포를 쏠 수 없어 산 밑의 초가집에서 밤을 새우기로 하였다. 강원도 농촌집 방 한 칸에서 수십 명이 밤을 새려니 쪼그리고 앉지도 못하고 반수는 선 채로 밤을 샐 판이었다.
　하는 수 없이 멀리 언덕 밑의 초가를 발견하고 찾아갔더니 방 안에는 등불이 켜져 있었다. 안에서 사람들의 소리가 들렸다. 문을 열고 들어가려고 하다가 멈추고 잠시 생각을 하였다. 인민군이 거기서 밤을 새우고 있다면 어찌하나 생각하니 소름이 끼쳤다. 나는 재빨리 언덕으로 다시 올라왔다.

아침이 되니 산중턱에 박격포를 차려두고 수십 발을 쏘아대고 있었고 산 아래를 내려다 보니 중공군과 인민군이 양쪽에서 구름같이 몰려오고 있었다. 수가 너무나 많아 아무리 공격하여도 밀고 올라오는 데에는 막무가내였다. 하는 수 없이 포를 거두어 각각 짊어지고 분산하여 도망가기 시작하였다. 한 사병은 달아나는데 총알이 손등을 관통 당하였다. 지혈할 여유도 없었다. 한 손으로 손목을 꽉 잡고 안전한 곳까지 뛰라고 하고 산 아래 계곡으로 뛰었다. 양쪽 산에서 기관총 사격이 소낙비처럼 쏟아졌다. 그것이 포위망이었다. 다음 산을 올라 산 중턱 비탈의 눈 위를 조심조심하며 걸어가는데 위에 있던 사람들이 꽁꽁 얼어 있는 인민군 시체를 잘못 건드려 굴러 내려가기 시작하였다. 조심하며 걸어가는 군인들의 다리를 시체가 굴러 내려와서 쳤다. 군인들은 눈과 시체와 함께 엎어지면서 구덩이에 빠져 서로 빠져 나오지 못하여 도망길이 늦어졌다. 나는 몸은 빠져 나왔지만 구덩이에서 총을 잡아 뺄 수가 없어서 얼마나 시간이 오래 걸렸는지 모른다.

산에서 내려와 큰길 위에 도착했는데 다시 집중사격을 받았다. 배가 고프고 잠이 오고 허기가 져서 도저히 움직일 수가 없었다. 더구나 포위망을 벗어난 줄 알았는데 제 2의 포위망이 있어서 매우 실망하였다. 나는 총탄이 날아오는데도 상관치 않고 길바닥에 들어 누웠다. 나는 순간적으로 잠이 들었다. 뛰어오던 한 병사가 나의 머리를 잡아당기며 일으켜 세웠다. 포탄이 큰 소나무 위에서 폭발했다. 길옆의 계곡을 건너면 피신하기 수월한데 힘이 빠져 내려가지 못하고 들판으로 가야 했다. 포탄과 사격이 계속되었다. 산모퉁

이까지 와서 직사탄을 맞지 않을 지점을 찾자 또 잠이 들었다.

　또 다른 사병이 나를 흔들어 깨웠다. 하늘도 땅도 보이지 않았다. 인부가 쌀을 지고 따라 다니다가 버리면 죽는다고 했는데도 지고 갈 힘이 없어서 버리고 갔다. 군인들은 쌀을 서로 입에 넣었다. 나는 쌀을 집을 힘조차 없었다. 방한모를 벗어서 쌀자루 곁에 가까이 대니 한 사병이 한 홉 정도 넣어 주었다. 쌀을 한 입에 넣었는데 씹을 힘이 없어서 한참 동안 기다리니 쌀이 침에 부풀어 씹지 않아도 뱃속으로 저절로 빨려 들어갔다. 뱃속으로 들어가는 소리가 쭈룩쭈룩 하고 났다. 씹을 힘이 생겨 다음 한 입은 씹어서 쌀을 넘겼다. 이렇게 세 번을 먹고 나니 하늘도 땅도 보였다. 대원들도 옆에 있어서 나의 이런 상황을 알았다. 우리는 포를 여기까지 지고 왔었다. 포와 탄약을 모두 눈 속에 묻어 두고 몸만 가기로 하였다.

　간신히 도망하여 높은 태산을 넘어 큰길 신작로로 나왔다. 다시 산을 올라 중턱에 이르니 또 총탄이 날아왔다. 제 3의 포위망이었다. 길바닥은 눈이요 빙판이라 제대로 걷지를 못하고 계속 엉덩방아를 찌었다. 자꾸 넘어져 일어서기가 싫어졌다. 기어가다시피 하여 어느 부락까지 와서 보니 동리의 초가집이 드문드문 몇 집 있는데 사람들이 꽉 차서 들어갈 곳이 없었다. 하는 수 없이 저 멀리 들판을 바라보니 거기에 희미하게 초가집 같은 것이 보였다.

　나는 그쪽으로 허둥지둥 걸어갔다. 가서 보니 기둥 네 개에 지붕을 받치고 벽은 없는 방이었다. 방바닥에는 눈이 쌓여 있었다. 오버자락으로 눈을 쓸어 내고 그 자리에서 문지방에 걸터앉아 다리는 밑에 두고 상체를 누이니 금세 호망천지가 되었다.

아침이 되어 해가 뜨자 따가운 햇살이 내 다리를 비추어 주었다. 따뜻한 기분이 들기에 눈을 떠 보니 살아 있었다. 기쁜 마음으로 몸을 일으키니 뒤로 다시 누워졌다. 수차례 반복하였으나 마찬가지로 다시 누워졌다. 생각해 보니 신발에 물이 차서 꽁꽁 얼어버렸다. 발목의 관절이 얼음 때문에 움직이지 않으니 발목의 얼음을 부수어야 되겠다고 생각하고 여러 차례 요동하여 간신히 발목의 얼음을 부수었다. 그렇게 하여 일어설 수 있었다. 어정어정 걸어서 동리의 초등학교까지 걸어갔다. 가서 보니 사람들이 교실의 마룻바닥을 뜯어내어 불을 붙여 쬐고 있었다.

나는 왼발을 불에 쪼이면서 두드려 장화를 벗었다. 다음에는 얼음을 깨어 녹이며 군화를 벗었다. 다음에 양말 두 켤레를 발의 살결과 같이 붙은 것을 불에 쪼이며 살살 만져 벗었다. 발이 갑자기 커지기 시작했다. 얼마나 커졌는지 군화 위에 신는 눈 장화에도 들어가지 않았다. 너무나 겁이 나서 오른발을 벗을 엄두도 못 내고 있는데 얼은 발은 찬물에 담그면 얼음이 빠진다고 옛 어른들의 이야기를 교훈 삼아 철모에 찬물을 떠오게 하여 발을 담그니 얼음이 떨어졌다. 그렇게 신발을 벗어서 아무 탈 없이 아프지도 않고 정상이 되었다.

강릉 어느 국민학교에 패잔병들이 모두 모였다. 추운 날씨에 난로도 없었다. 얼었던 발은 아프기 시작했다. 다시 재편성하여 재차 공격하려는데 연대병력 중 오직 500명 정도만 살아왔다. 그 중에는 환자도 다수 끼어 있었다. 중대장이 동상자와 환자들은 연대 의무대에서 치료받으라고 하였다. 연대 의무대에서 치료가 불가능한 자는 후방 병원으로 가라고 하였다. 나는 중대장께 보고하고 대원 중 6명의 동상자와 같이 후방 병원으로 가려고 했다. 그러나 자동차나 교통편이 전혀 없었다. 묵호까지 가서 일주일을 기다려 부산으로 가는 무연탄배의 탄 위에 같이 탔다. 묵호에서 부산까지 3일이 걸려 부산 수영 뱃머리에 도착하여 배에서 내려 보니 환자들이 모두 연탄굴에서 나온 사람들 같았다.

아무도 찾아오는 사람도 없이 마냥 기다리는데 구경꾼들이 모여들어 우리들을 보고 인민군을 잡아 온 것이라고 쑥덕거렸다. 가슴에 총상을 입은 한 장교가 짚고 있던 지팡이로 구경꾼들을 쫓아냈다. 가슴의 총구멍에서 피와 숨소리가 버렁버렁 들렸다. 너무 기가 막혀 분에 못 이겨 화를 냈기 때문에 상처가 벌어진 것이다.

그러고 있는데 트럭 한 대가 우리를 데리러 왔다. 트럭을 타고 몇 군데의 병원을 둘러보아도 들어갈 곳이 없었다. 겨우 토성동 토성중학교의 운동장 천막 밑에 들어가게 되었다. 밤을 새고 보니 옆에 누워 있던 총상환자가 숨을 쉬지 않았다. 환자가 한밤중에 물을 찾았는데 간호원이 물을 시약인 줄 모르고 마시게 한 모양이다. 총상 환자에게 물을 주면 즉사약이다. 삼 일 후에야 병실로 쓰는 학교 교실로 옮겼다.

동상 때문에 발은 좀처럼 아물지 않았다. 군의관들은 내 발을 보고 말했다.

"안 됐지만, 발가락 다섯 개를 잘라야 할 것 같소."

하늘이 캄캄하였다.

"너희들이 만약에 내 발가락을 자르면 살아남지 못할 것이다."

나는 군의관들을 노려보며 공갈을 쏘아 주었다. 3개월 만에 상처가 원만히 치료되었으나 엄지발가락에서 계속 고름이 나왔다. 충무 시내 충열초등학교에 육군 원호대로 전속을 가서 2개월 동안 정훈과에서 근무하고 1951년 6월 15일 나는 명예제대를 하여 광목 반통을 제대선물로 받아 짊어지고 밀양의 어머니와 형님이 계시는 곳으로 달려갔다.

후기

명령대로 따라 싸우는 생사 갈림길의 전쟁터에서 총탄을 한 방도 맞지 않고 여태까지 무사히 살아남게 됨은 12년 전(1998년)에 100세의 일기로 돌아가신 어머니의 지극하신 기도의 힘이었음을 알고 감사드립니다.

우리 6남매가 전쟁에서 모두 무사하였음을 하나님께 감사 올립니다. 나는 아직도 어머니의 기도의 힘을 받아 계속 하나님의 뜻대로 잘 살아가고 있습니다. 영원하신 하나님께 감사합니다.

제대한 뒤 젊었을 때 결혼해서 아들 셋, 딸 셋 낳고 대학까지 공부시키고, 처자 봉양한다고 시간적 여유가 없어 일기를 쓰지 못하다가 이제 와서 할 일 없게 되니 기억도 상실했는데, 시간이 있어서 이 글을 쓰게 되었습니다. 지명도 산의 이름도 전투의 해수도 제대로 기록하지 못함을 유감으로 생각합니다. 수없이 전투를 많이 했는데 기억이 상실되어 대충 기록하여 알립니다.

　이것이 명예제대 시 이등상사였던 6.25 참전용사 김석춘의 전투일지 기록입니다. 현재 만 81세이고 미국 Rowland Heights, California에서 살고 있습니다.

4. 프랑크 다야크의 이야기

프랑크 다야크(Frank Dayak)는 씰 비치(Seal Beach)에 있는 우리 집에서 약 10분 정도 떨어진 곳에 사는 한국전에 참전했던 해병대원이었다. 그때 흥남 피난길에 함께 있었던 미 해병대원 중 하나였다. 그는 USS 로체스터(USS Rochester)라는 미 해군 구축함을 타고 있었다. 그 당시 대략 200척 정도의 미군 구축함이 있었는데, 100척 정도는 주로 피난민들을 실었고, 100척 정도는 주로 군인들과 무기를 실었다.

그때 USS 로체스터함은 무기를 실은 배였는데, 마지막에 피난민들을 태우느라 무기를 다 싣지 못하였다. 흥남부두에 남겨 두고 온 무기는 피난민을 모두 실은 후 부두를 폭파시킬 때 함께 태웠다. 프랑크 다야크는 또 인천상륙작전 때 북한 공격기가 날아와 배에 폭탄을 떨어뜨려 배가 침몰할 뻔한 위기에서 살아남은 이야기를 해 주었다. 그런 고난을 함께 나눈 그의 말을 들으면서 우리는 더 이상 다른 민족이 아닌 생사를 함께 한 같은 전우로 생각되었다.

5. 러셀 풀턴의 이야기

　　프랑크 다야크는 그와 함께 한국전쟁에서 싸웠던 친구 러셀 풀턴(Russel Fulton)을 우리에게 소개해 주었다. 러셀 풀턴과 전화로 인터뷰를 하였다. 러셀은 아이다 (Idaho) 주에서 살고 있으며 3년 전에 중풍에 걸려 말을 더듬으며 이야기했다. 그는 1950년에 해군에 입대하여 1954년에 상사로 제대하였다고 한다. 제대하고는 G. I. Bill로 위스콘신(Wisconsin)대학에서 기계공학을 전공하고 3학년 때 지금 부인과 결혼하여 두 아들이 있다.

　　러셀이 소속되었던 수송함 "Gen. George Randall AP115"호는 아시아를 순회하는 도중 한국전쟁이 나서 한국으로 파견되었다. 그때가 맥아더 장군이 지휘한 유명한 인천상륙작전이었다. 내가 탔던 운송함은 미 해병대원들을 싣고 인천연안으로 상륙하는데 참여했고, 나의 어렸을 때부터 친구였던 프랑크가 탄 구축함과 같이 19척의 배가 한 부대로 행동을 하였다. 두 대의 북한 비행기가 프랑크가 탔던 순양함에 폭탄을 떨어뜨렸으나 손상은 없었다고 했다. 인천상륙의 성공으로 UN군은 북진하여 거의 압록강과 두만강까지 갔으나 예기치 않던 중공군이 반격하기 시작했고, 국군과 UN군은 후퇴를 해야만 했다. 함경북도에서는 국군과 UN군이 포위되어 흥남에서 배로 후퇴해야 하는 위기를 맞았다. 이때 흥남부두에는 후퇴하는 군인들과 남한으로 가려는 피난민들로 가득 찼었다.

내가 탔던 수송함은 635피트의 길이와 1만 9천 톤의 큰 배였고 5천 명이 잘 수 있는 작은 침대들이 있었다. 5천 명의 미 해병대원, 영국 해병대원들과 탱크, 차, 무기들을 싣고 부산으로 운송했고, 다시 흥남으로 가서 두 번째 운송을 하였다. 이때에 피난민들도 많이 태웠다. 우리가 흥남을 떠날 때 프랑크가 탔던 구축함은 대포로 그곳의 공장들을 파괴시켰다. 5천 명 중에는 3백 명의 중공군 포로와 한 명의 소련 비행사 포로도 있었는데 이들은 부산에서 포로수용소에 보내졌다. 한국전에 나왔던 북한 전투기에 소련 비행사도 있었다는 것이 증명된 것이다.

부록 2

備忘錄

西紀 1902年 陰 12月 1日 檀紀 4235年 陽 1903年 1月 10日	朝鮮 平安北道 義州郡 加山面 都岑洞 二統七 에서 出生하다 (当時 父20세 母27세)
1909年 (8세)	耶蘇敎를 父親의 指導로 믿기 始作하고 堂末會堂에 다니다
1909~1911年 11月	書堂에 通學하다
1911年 12月 6日 (10세)	義州郡 水鎭面 親光洞 三統九戶로 全家族이 移徙 하고 父親은 商業을 經營하다
1912. 1 (11세)	水鎭面 水口洞 所在 私立 培新學校 尋常科 第一 學年에 編入하다
1912. 8. 2	母親이 魏大模宣敎師에게 洗禮를 받다
1915. 3	培新學校 尋常科 (4年制) 優等卒業
〃 4	全校 高等科 第一學年 入學
1916. 12. 3 (16세)	本人이 魏大模 牧師에게 洗禮를 받다
1917. 12	家族이 中國 寬甸縣 安子溝로 移舍하다 나는 崔鍾嚴 妹夫 宅에서 通學하다
1919. 2	培新學校 高等科 (四年制) 卒業 (18세)
1919. 3. 1	義州農業學校 入學試驗次 義州邑 妹夫 金善燁 宅 (돌매주당 栢堂) 에 갔다가 三一獨立萬歲 運動에 가 作하여 入學을 中止하다
1919. 4	滿洲 安子溝에 있는 우리집으로 도라가다 寬甸縣 安子溝 獨立團 安子溝 事務所에서 臨時 書記 視務하다 (朴總務宅)
1920. 2	本國 義州郡 水鎭面 大水洞 230番地로 全家族歸還
1920. 2 ~ 1921. 3	水鎭面 卧龍洞 私宅 (金仁樓兄宅) 에서 勤務
1921. 4 ~ 1922. 3	私立 培新學校 臨時 敎員 視務
1921 초여름	義州公立 普通學校 夏期 敎員 講習 修了
1922. 4	平壤 崇實中學校 第二學年 編入 (家屋設置 20円)
1924. 1. 20	新義州 東砂町 三丁目 31로 移舍하다

1. 아버지의 비망록 중에서

2. 慶州 金氏 家係譜

3. 新安 朱氏 家係譜

1. 아버지의 비망록 중에서[21]

　　나는 백의민족(白衣民族)의 한국 사람이다. 광무 6년(1902) 12월 1일에 평안북도 의주군 가산면 도령동에서 4대 독자로 태어났다. 아버지 김영호(金永浩) 씨와 어머니 김영화(金永和) 씨 사이에 1남 5녀를 두셨다. 나의 누님이 세 분이고 동생이 둘이다. 나의 고향은 산골짝이나 뒤에 작은 산이 있어 올라가면 사방이 잘 보였고 뜰 앞에는 시냇물이 흐르고 시냇가에는 큰 과수(띨광나무)가 5,6그루 있었는데 가을과 첫 겨울에는 시냇물에 떨어져 있는 띨광이를 주워 먹던 것이 퍽 인상적이었다.
　　집에서 멀지 않은 곳에 강이 있어 여름에는 목욕하고 수영하며 놀았다. 이른 겨울에 얇게 언 얼음을 타다가 물에 빠졌으나 깊지 않아 나올 수 있었으며 의복을 다 적신 채 울면서 집으로 돌아갔던 기

---

21) 1976년 8월 Davis에서 쓰신 아버지 김권직의 비망록

억이 난다.

우리 집에서는 농사를 지었으나 아버지는 한학자로서 농사일은 하지 않으셨다. 그때의 풍습으로 아이들은 남녀를 물론하고 머리를 길게 따서 늘이고 댕기(붉은 비단으로 만든 것)를 끝에 매었다. 남자는 결혼하면 상투를 틀고, 여자는 머리를 따서 머리 위에 얹고 칠보꽃을 꽂았다. 보통 결혼한 여자들은 머리에 흰 수건을 썼다. 결혼한 남자들은 외출할 때는 갓을 쓰고 집에 있을 때는 감투를 썼다. 모두 검은 말총으로 만든 것이며 갓을 넣어 두는 곳은 직경이 40cm쯤 되는 큰 공을 절반 절단한 모양으로 나무와 종이로 만들고 문은 평면에 만들고 그것을 천장에 매달았다.

내가 8세 되던 해에 아버지를 따라 당목회당에 갔다. 처음으로 예수를 믿기 시작한 것이다. 그때에 교육을 많이 받은 것으로 보이는 젊은 부부가 강단에 올라 "내 주의 지신 십자가 우리가 안 질까"라는 찬송가를 불렀다. 지금 개편 찬송가로 366장이다. 그 사람들이 높아 보이고 부럽고 아직도 그 모양, 찬송소리가 내 귀에 들리는 듯하다.

나는 15세(1916.12.3)에 미국 선교사 위대모(魏大模) 목사에게서 세례를 받았다. 주일 학교에 다닐 때 생일 축하 때나 동무를 인도하면 표면에 아름다운 그림이 있고 뒷면에 성경 구절이 들어있는 카드를 주었다. 그것을 받는 것이 좋아서 동무를 많이 인도하려고 하였다. 그 당시 아직도 깨지 못하였던 한국 사회에 예수교가 문명의 선구적 역할을 하였다. 내가 교회에서 뒤따라 늘이었던 머리를 깎고 집에 오니 할머니가 집을 나가라고 노발대발하셨다

나는 8세부터 2년간 한문을 공부하였다. 앞마을에 있는 서당에 다녔다. 그 날 배울 것을 종일 소리 내어 읽었다. 많이 읽을수록 좋은 것이다. 선생님(훈장)은 읽지 않는 학생의 유무를 감시하셨다. 그 이튿날 아침에 어제 배운 것을 암송시켜서 못 외는 아이에게는 종아리를 회초리로 때리셨다. 나는 공부를 못하여 종아리를 맞아 본 일은 없다. 여러 아이들이 떠들었다고 모두 종아리를 때릴 때 딱 한 번 맞았다. 매우 아프고 부어올랐다. 아이들은 글을 읽다가 선생님이 밖에 나가시면 공부하지 않다가 들어오시는 기미가 보이면 갑자기 소리를 내어 읽었다. 배운 것을 몇 번 읽었는지 알기 위하여 편지 봉투 크기만 하게 유지로 접어 만드는데 표면에 삼각형으로 두 번만 잘라 그것을 열었다 닫았다 하게 여러 개 만든다. 참 가볍고도 편리한 계산기였다.

내가 10세 되던 해에 의주군 수진면 이화동으로 이사하였다. 아버지는 장사를 하시고 나는 5리가량 떨어져 있는 배신학교 심상과 제 1학년에 입학하고, 14세 되던 해에 심상과를 졸업하고 고등과 제 1학년에 입학하였다. 선생님은 신성학교를 졸업하신 박순익 씨였다. 교회는 배신학교 옆에 있었는데 나는 교회에 열심히 다녔다. 나의 성대는 좋지 못하나 그 당시 3,4명의 학생과 같이 나가서 찬송가를 부르면 잘 한다고 박수를 쳐 주는 것이 퍽 기뻤다.

배신 학교에 입학하여 처음으로 사진을 찍었다. 지금으로부터 약 65년 전이다. 운동회 때에 나팔도 처음 구경하였다. 운동할 때에는 야구할 때에 실을 둥글게 감아 공을 만들고 그 위에 가죽으로 싸서 걸어 맨다. 공이 딴딴하여 맞으면 매우 아팠다.

미국 선교사는 매년 2,3차식 지방교회를 순회했는데 침대, 이부자리, 통조림 등을 말에 싣고 그 위에 타고 다녔으며 쿡도 데리고 다녔다. 어떤 때는 자전거로 다녔는데 처음으로 구경하며 이상하게 여기는 것을 보고 자전거에서 내려서 어떻게 이 바퀴가 돌아가는지를 실제로 설명하여 주었다.

　　아버지는 약에 상식이 있는 사람과 약방을 경영하시며 침놓는 의술을 배워 침도 잘 놓으셨고 만주(압록강 연안)에 이따금 1주일간씩 가셔서 침을 놓아 병을 고치시곤 하였다. 그때에 나도 아버지를 따라 처음으로 외국에 여행하였다. 신을 신은 채 방에 들어가고, 온돌방은 높이 만들고, 밥을 지을 때는 연기가 방에 많이 들어오며, 옥수수로 만든 죽과 옥수수 가루떡(깔랑)을 주식으로 하고, 부식은 땅콩과 감자를 돼지기름에 볶은 것과 부추에 계란을 섞어 볶은 것이 있고 파를 따장에 찍어 먹는다. 음식이 맞지 않고 잠자리가 불편하여 빨리 집에 오고 싶었다. 한 집에 말 같이 큰 개를 5,6마리 기르는데 처음 보는 사람이 지나갈 때에는 사람을 둘러싸고 물려고 달려든다. 공포를 느낄 때에 주인이 한 마디만 말해도 슬금슬금 다 물러 간다. 주인의 말은 잘 듣는다.

　　내가 16세 나던 12월에 중국 관전현 안지거우로 이사하였다. 상업이 순조롭지 못하던 차에 안지거우에 있는 친구가 살기 좋으니 오라고 하여 그리로 간 것이다. 압록강을 건너고 큰 고개를 넘어야 되고 하루길이나 되는 머나먼 만주 땅으로 이사한 것이다. 이삿짐은 오직 등에 지고 가야만 하는데 친구 되는 분도 짐을 져다 주었다. 나는 배신학교 고등과에 다니던 때라 학업을 중지할 수도 없어

맏매부 댁에 기숙하면서 학교를 계속하였다. 물로 하숙비를 내지 않았고 전 가족이 친절하게 대하여 준 은혜는 잊을 수 없다. 1919년 2월 내가 18세 때 배신학교 고등과를 우등으로 졸업하였다. 심상과 졸업 때에도 우등을 하였다. 그 당시 소학교에서 심상과 4년, 고등과 4년 합계 8년 만에 졸업하는 제도를 두었다. 지금 생각하면 2년간을 손해 본 것이다.

    1919년 3월 1일 독립만세를 부르게 되었다. 내가 배신학교 고등과를 졸업하고 의주읍에 있는 농업학교에 입학하려고 입학시험을 보기 위해 의주읍에 갔을 때 수백 명의 민중들이 거리에 집합하여 태극기를 들고 성문 앞에서 만세를 불렀다. 그때에 일본 헌병들은 어쩔 줄을 모르고 해산하라고 말할 뿐 강경한 행동은 하지 않았다. 나는 입학시험을 단념하고 만주 본집으로 들어가 어머니가 하시는 농사일을 도왔다. 처음으로 김을 매 보니 허리가 아프고 땀이 흘러 의복을 적셨다. 먼지가 흐르는 땀과 혼합되어 얼굴이 흙물로 칠한 것 같이 보였다. 참말 농부는 수고한다. 쌀 한 알이라도 아껴야 하겠다. 그 해에 독립투사들이 많이 만주로 들어왔다. 우리 안지거우 지방에도 많은 사람이 다녀갔다. 이름을 다 알 수도 없고 알던 사람의 성명도 잊어버렸다. 생각나는 것은 오동진(吳東振), 최지화(崔志化), 윤하영(尹河英) 씨 등이다. 우리 안지거우 지방에 상해 임시정부 산하에 있는 안지거우 사무소가 있었는데 이름을 잊어버린 것이 유감이나 박 총무가 계셨고 내가 서기 일을 보았다.

    1920년 2월에 우리 가족은 만주를 떠나 의주군 수진면 대수동으로 이사하였다. 2년 2개월간 만주에서 살다가 고향으로 돌아온 것이다. 그때 아버지는 대수동 사숙에서 교편을 잡으시고 나는 와룡동에서 10여 명 되는 학생에게 한문을 가르쳤다. 한문지식이 박약한 나로서는 가르치기가 퍽 힘들었다.

한문 가르치는 일을 그만두고 20세 때에 본교인 사립 배신학교에서 가르치고 있던 때였다. 헌병 보조원의 아들이 말을 안 듣기에 등을 한 번 때렸더니 집에 가서 아버지에게 말하여 보조원이 학교로 찾아와서 나를 밖에 꿇어앉히고 회초리로 내 귀를 쳤다. 나는 귀가 붓고 일주일간 고통을 당했다. 내 왼편 귀가 빨리 먹은 것도 그 원인이 아닌가 생각된다. 진찰하여 보지는 않았었으나 고막도 파열되었었으리라고 생각한다.

그 당시의 보조원은 세력이 당당하였다. 일본 헌병의 앞잡이로 온갖 세도를 다 부렸고 감히 대항할 수 없었다. 소련에서 살다가 온 사람이 있었는데 일본 헌병이 공연한 트집을 잡고 때렸으나 왜 때리느냐고 대항도 할 수 없었다. 무조건 굴복하여야 했다. 일본 통치 36년간에 억울하게 매를 맞고 천대를 받은 것이 붓으로 다 쓸 수 없다. 더욱 남한에 있던 농민들은 농지를 척식 회사에 빼앗기고 만주로 이주하여 고생한 농가들 많았으며 애국적인 지도자들과 독립 운동자들을 얼마나 괴롭히고 감옥에 가두었는가, 한국에서나 일본 교포들에게 얼마나 인종 차별을 하였는가 생각할 때에 몸이 떨린다.

1922년 4월에 평양 숭실중학교 제 2학년 입학시험에 좋은 성적으로 합격하였다. 입학 성적이 우수하였던 관계로 반장이 되고 학감이 내 이름을 기억하고 부를 때 마음이 흐뭇하였다. 아버지와 어머니는 내가 중학교에 가기를 매우 원하고 있는 것을 아시고 집 한 채 있던 것을 20원에 팔아 나의 학비를 조달하셨다. 지금 생각해도 가슴이 아프다. 1924년 3월에 자격 없는 선생을 갈아달라고 동맹스트라이크를 하였다. 나는 그때도 제 3학년 반장이었다. 동맹스트라이크의 지도자는 각 반의 반장은 물로 참가하였다. 그 관계로 학교에서 퇴학을 당하고 그 해 9월부터 수진면 미산동 명신학교 교원으로 시무하고 이듬해 3월에 사직하였다.

1924년 1월 20일에 신의주 진사정 3정목 3의 2번지로 이사하다.

1925년 4월부터 1926년 1월까지 의주 태동 직조 공창의 서기로 근무하다.
1925년 4월 9일 나를 지극히 사랑하시던 할머니가 별세하셨다.
1925년 4월 17일에 의주 남문동 183번지로 이사하고 대성상점에서 26년 1월까지 서기로 근무하다.

1926년 2월 15일, 사랑하는 부모, 동생을 떠나 일본 동경으로 떠났다. 모진 바람이 불던 날 동생들은 울고 아버지는 강변까지 따라 나오셨다. 어머니, 누님, 나 세 사람이 빙차를 타고 압록강을 내려와 신의주에 도착하였다. 2월 17일 누님과 같이 신의주에서 기차를 타고 부산에 도착하여 관부 연락선으로 하관(시모노세키)까지 와서 다시 기차로 20일 낮에 동경에 도착하였다. 그때 누님은 남편을 찾아 간 것이고 나는 둘째 매부 김선필(金善弼) 씨의 소개로 시바공원 부흥국 출장소 측량인부로 고용되었다. 그때 임금은 1원 80전으로 매일 지불되었다.

    1926년 5월 8일. 집에서는 안동현 7도구 2번통 2정목 2번지로 이사하였다는 편지가 왔다. 1926년 3월 6일 동경공과학교에 입학하고, 동년 9월 6일에 중앙 공학교 토목과에 전학하다. 1927년 8월에 동교 토목과를 우등 4번으로 졸업하였다. 낮에는 일하고 밤에는 공부하려고 하니 학교에서 졸렸다. 전차를 타고 집으로 돌아올 때에 졸다가 내릴 정류장에서 내리지 못하고 종점에 가서야 정신을 차려 다시 타고 올 때도 있었다. 시험을 칠 때에는 위에 앉은 학생이 좀 가르쳐 달라고 옆을 찔렀다. 그러나 감시인이 있어 가르쳐 주지 않고 나왔더니 그 학생이 시험치고 나와서 나를 원망하였다. 우월감을 가진 일본 학생이 왜 가르쳐 달라고 했을까?
    1927년 9월에 평안북도청 토목과의 공수로 취직하였다. 일급은 1월 50전이다.

    1927년 12월 7일 안동현 6도구 남 3조통 2정목 경제 8호로 이사하였다. 내가 도청에서 근무할 시절에 친구가 신의주 부청에서 근무하는 주운봉(朱雲鳳) 양을 소개하였다. 본 집은 강계군 중강진이고 목사의 딸로서 신의주에서 양 어머니와 같이 살았다. 그렇게 미인은 아니지만 내 마음에 들고 미인이라고 생각하였다. 몇 번 심방하여 황당한 일도 있고 결국 김취곤 목사의 소개로 결정이 되고 약혼식도 김목사가 주관하셨다.(1928. 10. 2.)

    1928년 12월 28일에 삼일 예배당에서 김취곤(金聚坤) 목사의 주례로 결혼식을 거행하였다. 1929년 2월 23일에 약죽정 13-3으로 이사하였으니 다시 고국에 돌아온 것이다. 서울에서 조선박람회가 열려 아내와 같이 신혼여행 겸으로 서울에 와서 구경도 하고 아내의 친구 윤성상 씨 부부를 심방하였다.

    1930년 4월 22일 오전 11시에 첫 아들이 출생했다. 일본인 산파를 부르고 체중은 750몸매라고 한다. 온 집안이 경사났다고 즐거워하였다. 동년 6월 8일에 김취곤 목사에게 익창이가 유아 세례를 받았다.

    1930년 10월 23일 막내동생 권옥 양과 신랑 조명준(趙明俊) 군의 결혼식을 삼일교회에서 거행하였다. 1931년 3월 11일 부친이 별세하셨다. 내가 출장 중에 별세하여 운명하시는 것을 지켜보지 못하였다. 별세의 전보를 받고 눈을 헤치며 산길을 걸어 기차를 타고 돌아왔다. 시체가 된 아버지를 볼 때의 슬픈 감정이야말로 다할 수 없다. 운명하실 때에 나를 찾았었다고 하였다. 일생 동안 여유 있는 생활을 못하시고 돌아가실 때까지 고생하시던 아버지! 그러나 온순하고 정직하고 신앙이 독실하신 아버지는 몸은 썩어 없어졌을 것이나 영혼은 하늘나라에서 영원히 복락을 누릴 것이라고 확신한다.

3월 14일 장례식을 필한 후 신의주 공동묘지로 안장하였다. 비석도 세웠으나 지금은 어떻게 되었는지 모르겠다.

　　1931년 5월 15일 부로 지방토목기수로 승격하다.(월급은 53원)
　　1932년 1월 12일 여아 익란이 출생하였다.
　　1932년 10월 25일 운정정 9-3번지로 이사하였다.(가격 450원) 동년 11월 3일 동생 권순 양과 안문봉 군이 삼일교회에서 김취곤 목사의 사회로 결혼식을 거행하였다.

　　1933년 12월 5일에 영변 토목관구로 전근하여 영변면 동부동 628 오관준 씨 댁에 거주하다.
　　1934년 3월에 개천면 삼포리에 있는 논 2,254평, 밭 690평을 1,084원에 매수하였으니 우리로서 처음으로 토지를 산 것이다. 1934년 10월 25일에 자성군 중강면 중지동 336번지에 있는 논 2,215평을 1,250원에 매입했다. 그러나 그 후 그것을 팔아 학비를 조달했다.(동경유학)

　　1935년 2월 27일에 2남 익성이가 출생하였다.(영변에서)
　　동년 4월 동경 유학을 목적하고 지방 토목기수를 사명하고 4월 15일에 동경에 도착하여 숭실학교 동창생인 김관주 씨가 경영하는 숭학뇨에 유숙하였다. 동경 물리학교 고등사범과에 입학하려면 갑종중학을 나와야 함으로 상업학교 야간부 제 4학년에 입학하였다.

1935년 9월에 아내가 세 아이를 데리고 김관주 씨와 같이 동경에 왔다. 임시로 숭학뇨에 거주하다가 풍도구 일출정에 있는 조선기독교회 건물로 이사하였는데 주일에는 20명가량의 교인이 오고 오택관 목사와 김관주 씨가 인도하였다.

1936년 3월 24일 동아상업학교를 우등 졸업하였는데 나까노 교육회에서 상장을 받았다. 야간 상업에 다닐 때에는 임시공수로 근무하였으나 동년 4월 15일에 사직하였다.

1936년 4월 11일 소원하던 동경물리학교에 입학하였다. 물리학교는 오전만 가르쳤으나 오후 1시부터 밤 10시까지 복습하고 예습하는 데 시간이 늘 모자란다. 조용한 곳에서 공부하기 위하여 근처 2층방을 세내어 서재로 사용하였다.

1937년 2월 11일 익창이가 단독 및 대소장 간창으로 대변 볼 때 출혈함으로 이께부끄로 병원에 입원하고 내가 또 가슴의 신경통으로 18일에 같은 병원에 입원하였다. 부자가 같은 병원에 누워 있을 때에는 기가 막혔다. 나는 교육자가 되기를 항상 갈망하였다. 내 성질에 맞지 않는 토목일. 하루라도 빨리 소원을 성취하려고 경제적 여유가 부족한 내가 가족을 데리고 외국에 와서 공부한다는 것이 어리석었는지 모른다. 할 수 없다. 35세의 노학생이 어려운 수학 공부를 밤낮 하였으니 병이 나지 않기는 힘들었을 것이다. 사람이 성공하는 데는 의지만 가지고는 모든 일이 이루어지기 힘든 것을 깨달았다. 세밀한 계획을 세우고 중간에 넣고 자신만만하게 백절불굴하는 정신으로 또는 하나님께 간구하면서 실천 역행해야 될 것을 새삼 느꼈다. 할 수 없다. 내 몸이 허락하지 않는다. 토목이 나의 본직일런지 모른다. 본업으로 돌아가지 않을 수 없다. 그리하여 소원이던 학업을 중지하고 영변 토목관구 주임에게 복직할 의사를 전하였더니 이내 환영한다는 회답이 왔다. 하나님 은혜로 부자가 함께 퇴원하고 고국으로 다시 돌아오게 되었다. 다시 영변 토목관구에서 근무하게 되었다.

1937년 4월 익창은 영변 공립보통학교 제 1학년에, 익란은 영변 유치원에 입학하였다.

1938년 3월 익란이가 유치원을 졸업하다.

1939년 1월 1일에 익풍이 출생하다. 동년 6월 30일부로 토목기수로 승격하고 본 도청에 근무하게 되었다.

1942년 9월 17일. 처가 자궁암으로 도립병원에 입원하고 2차 수술을 받은 결과 완치하여 11월 9일 퇴원하였다. 의사란 귀한 존재다. 생명을 구하기 위하여 최선을 다하매 수술할 때는 긴장하여 땀을 흘리면서 자기의 온갖 힘을 발휘한다.

1943년 4월 익창이 정주 오산중학교에 입학하였는데 그 당시에는 온갖 시설을 구비하고 기숙사가 있어 한 방에 상급생과 같이 있게 하여 공부를 지도하게 하고 교회가 있어 종교 교육을 할 수 있으며 조용하고 분위기가 좋아 공부하기에는 퍽 좋은 곳이다. 이승훈 씨가 설립자이고 조만석 씨가 한때 교장으로 계셨고 민족정신을 고취한 유명한 학교이다.

1943년 5월 평안북도 토목 기사직을 사직하고 만주 안동현 근동공업주식회사에 입사하였다. 여태껏 공무원 생활을 하다가 처음으로 영리회사에 들어온 것이다. 봉급은 351원이니 공무원보다는 배가 넘는다.

1944년 7월 중국 장하현 수리 조합 촉탁으로 측량과 설계 공사를 감독하다.

1945년 4월 가네야마 씨와 토공을 청부 맡아 순조롭게 공사를 진행하여 이익이 많이 남았다.
1945년 4월 익풍이 배화 유치원을 졸업하고 약죽국민학교에 입학하다.
1945년 8월 15일. 36년간 일본의 통치를 받다가 해방이 되고 독립국이 되었다. 8월 16일 수리 조합 이사와 같이 신경으로 공사금을 받으러 가려고 대호산에 왔다가 일본이 항복하고 조선이 독립이 되었다는 기쁜 소식을 들었다. 그리하여 그날 밤으로 트럭을 타고 신의주 집으로 돌아왔다.
한국이 독립된 것은 해외에서 독립투사들이 운동한 힘도 있겠지만 윌슨 대통령의 민족 자결주의에 의하여 제 2차 대전이 끝난 후 다시 말하면 대동아권을 부르짖던 일본이 패망한 후 4거두 즉 미국의 트루먼 대통령, 소련의 스탈린, 영국의 처칠 수상, 중화민국의 장개석 총통의 얄타회담에 의하여 한국의 독립이 허락된 것이다.

자기의 힘으로 된 것이 아니고 남이 가져다 준 독립이다. 4천년 역사를 가진 단일 민족을 두 토막으로 갈라놓은 것이다. 큰 나라들이 자기 마음대로 갈라 놨으니 민족의 비극이 여기서 시작된 것이다. 소련은 3.8선 이북에 공산 정권을 세우고, 이남은 미국에 의하여 민주주의 정부를 세운 것이다.

1945년 9월 평안북도 인민위원회 토목과 도로 주임으로 근무. 이듬해 1월에 건설과 차석으로 피임되니 그때 인민 위원장은 백영렵 목사요, 건설과 과장은 오석환 씨였다.

1946년 3월 28일은 토지개혁을 위하여 각 지방으로 출장 가는 날이다. 나도 책임을 맡게 되었는데 아무리 생각하여 보아도 마음에 들지 않았다. 얼마 전 애국자이신 백 목사를 사직케 하고 공산주의자로 대체케 하였다. 자유를 찾아 이남으로 탈출할 것을 결심하였다. 마침 이남으로 이사 가는 배가 있다는 소식을 듣고 교섭한 결과 짐 없이 한 사람만 타라는 허락을 받았다. 그리하여 3월 27일 밤 손틀 재봉틀 하나만을 가지고 배를 탔다. 그날 밤으로 떠나려던 배가 사정이 있어 신의주 부두에서 자게 될 때에 보안 서원이 왔다 갔다 하는 곳에서 발각되지나 않을까 하고 걱정이 되었다. 이 배는 서울로 가면서도 용암포로 이사 간다고 한 것이다. 그 이튿날 새벽에 신의주를 떠나오다가 밤중에 비가 내리고 폭풍이 불어 배가 전진할 수 없어 연안에 닻을 내렸다. 그러나 바람이 세어 닻줄이 갈리기 시작하더니 한 20분만 더 바람이 계속하였다면 닻줄이 끊어져 배는 만경창파에 표류했거나 파선되었을 것이다. 2, 3일 후 초도에 도착하여 정박 중 보안서원에게 발견되었다. 나는 배 밑에 있고 뚜껑을 덮은 널판 위로 보안서원의 구두소리가 뚜걱뚜걱할 때에 내 마음은 아찔아찔하였다. 그러나 선주가 잘 교섭한 결과 진남포로 끌려가지 않고 서울을 향하여 배는 계속 전진하였다. 신의주에서 떠난 지 10일 후인 4월 7일 마포 부두에 도착 상경하였다.

    가족은 5월 5일 서울에 도착하였다. 신의주에서 가족들이 헌 옷을 입고 얼굴에는 검은 것을 묻히고 평양으로 이사 간다고 하였다고 하였다. 보안서원이 지키는 3.8선을 무사히 넘어와서 가족이 모이게 된 것이 다행이다. 평동에 있는 처남댁에 임시 동거하였다.

    1946년 5월 익란이 숙명여고 2학년에, 익성이 덕수국교 5년에, 익풍이 덕수국교 1학년에 편입하다.

    1946년 6월 7일 태평양운수주식회사 취체역 총무부장에 취임하다.

    1946년 9월 익창이 경성공립중학교 고급 제 1학년에 입학하다. 동년 2월 30일 동양공업학교 강사를 6개월 만에 사직하다.

    1947년 4월 토목 건축업 우일사에 취직 토목기사로 월봉

10,500원을 받다.

1947년 9월 익성이 서울중학교에 입학하였다.

1948년 8월 15일 미군정을 폐하고 대한민국 정부를 수립하다. 동년 11월 전남 광주군 송정읍 장암리 영산축제공사 현장 대인으로 임명되었다.

1949년 8월 27일 중구 봉래동 1가 27-9의 집을 사고 이사하였다. 동월에 아내가 3인 합동으로 영양 식당을 경영하기 시작하였다.

1949년 9월 익창이 서울중학 제 6학년을 졸업하고 서울대학교 문리대 의예과 제 1학년에 입학하다.

1950년 4월 영월철도공사 기술주임으로 가게 되었다. 동년 5월 익란이 숙명여중 제 6학년을 졸업하고 이화대학교 미술부 제 1학년에 입학하다.

1950년 6월 25일 6.25사변. 악몽 같은 6.25! 북괴군은 소련 지원의 탱크를 앞세우고 3.8선을 넘어 남한을 공격하였다. 남한에서는 미군이 완전 철수하고 대한민국 군대가 좀 있었으나 무기가 부족하고 훈련이 부족하여 쫓기기 시작하였다. 수도 서울이 괴뢰군에게 점령되고 한강다리는 한국군에 의하여 절단되었다.

1950년 6월 28일 영월철도 현장에서 집으로 돌아오려고 친구 3,4인과 같이 서울을 향하여 떠났다. 쌀을 한 말씩 짊어지고 여비는 만여 원밖에 없었다. 오다가 배가 고파 농가에서 보리 찬밥을 얻어먹으니 그렇게 맛있는 밥을 처음 먹어 보았다. 오다가 날이 저물어 농가에 들러 재워 주기를 청하였으나 방이 없다고 곡간 보릿짚을 쌓은 곳을 빌려 주었다. 그리하여 낮에 비를 맞아 축축한 의복을 입은 채 한밤을 쉬고 나니 보릿짚에서 난 적은 벌레가 내외에 많이 붙어 큰 곤란을 받았다.

대전에 도착하여 서울로 떠나려고 하였으나 경비가 심하여 서울에 들어가지 못한다고 한다. 대전에 있는 하숙집에서 1주일을 묵다가 여비가 떨어지면서 각자 행동을 하게 되었다. 그리하여 나는 부산행 기차를 타고 피난민을 수용한다는 부산진국민학교로 갔다. 피난민이 만원이 되어 들어갈 방이 없어 운동장에 스프링코트를 깔고 누웠다. 누워서 하늘을 쳐다보니 별이 반짝였다. '나의 신세가 이렇게 되었나! 집에 가족들은 어떻게 되었을까' 이런 생각 저런 생각으로 뜬 눈으로 밤을 밝히고 아침에 요행으로 마루방 한 구석에 자리를 얻게 되었다. 식사는 쌀과 보리를 반씩 섞은 주먹밥 한 덩이와 소금 조금씩을 하루 세 번 받아먹고 생명을 유지하였다.

며칠 후 제주도로 보낸다고 하더니 통영국민학교를 수용소로 정하였다. 이 학교는 높은 계단 위에 있었는데 하루에 주먹밥 세 개도 점점 양이 작아졌다.

1주일 지나고 나니 아래 내려갔다가 계단을 올라오는 것도 다리에 힘이 없어 겨우 올라 올 수 있게 되었다. 내가 이곳에 오래 있다가는 병신이 되겠다고 생각하고 부산으로 배를 타고 왔다. 초량교회에 찾아가니 예배당 유치원이 만원이라 할 수 없이 뜰에 자리를 정하려고 하던 차에 숭실학교를 졸업하였다는 한 피난민이 자기 옆에 끼우라고 했다. 얼마나 고마웠는지 모르겠다. 종교학교에 다닌 사람이 아무래도 인정이 있는 듯하다. 그 사람과 매일 자취를 하면서 같이 있다가 빵(이미가와야끼)을 구워 팔자고 합의가 되어 빵 굽는 기계를 사고, 숯과 풍로와 밀가루를 준비하여 시장에 나가서 구워 놓았다. 하루 종일 있어도 팔리지 않았다. 2일간을 헛고생 끝에 기계를 밑져서 팔고 장사를 중지하였다.

　　생활이 곤란하던 중 미군 통역의 소개로 가까이 있는 미군 부대의 인부로 채용이 되었다. 일이라는 것이 여러 인부가 뜰을 청소하는 일이다. 하루 몇 번 쓸면 되니 일하고는 쉬운 일이다. 식사는 미군과 꼭 같이 먹인다. 그리하여 처음에는 궁하던 판에 많이 먹었다. 1주일을 먹고 나니 배에 기름이 졌는지 식사가 줄고 양식이 싫어졌다. 어떤 사람이 미군부대에서 식빵을 굽는 일을 하면 수입이 많다고 하여 그곳으로 전직이 되었다. 기계로 반죽하는 것이라든지 빵을 부풀게 하고 구워내는 것이 퍽 재미있었다. 금방 구워낸 것을 먹는 것은 별미다. 얼마동안 일하던 중 북괴군이 패하여 서울을 철수하고 부산서 서울까지 파괴된 기찻길을 수리하는 공작대원을 모집하였다. 공작대원은 서울을 빨리 갈 수 있다고 하여 나는 목수의 명목으로 참가하게 되었다. 그러나 명칭이 목수이지 나는 측량하는 일만 하였다.

　　1950년 10월 10일, 선발대로 서울에 왔다. 그러나 웬일일까? 8월 28일 아내가 나간 후 아직 돌아오지 않았다고 한다. 어떤 청년 신사가 새벽에 와서 내가 부산에 있는데 내게서 소식이 있으니 나가서 이야기하자고 데리고 나간 후 아무리 기다려도 소식이 없다고 한다. 들은 바에 의하면 바로 우리 집 앞에 있는 봉래여관주인인 노파는 진짜 빨갱이라고 한다. 집사람의 사상을 시험하기 위하여 공산당을 비판하였는데 집사람이 거기에 넘어가서 같이 공산당을 좋지 않게 이야기하였다고 한다. 노파는 이 사람을 그냥 두었다가는 불리할 것이라고 생각하고 상부에 연락하여 끌어다가 처치한 것이 아닌가 생각된다.

다른 사람들은 다 피난 가는데 집에서는 내가 현장에서 돌아온 후 같이 피난 가려고 기다리다가 할 수 없이 서울에 머무르게 되었다고 한다. 그 당시 익창이는 공산군에 끌려 갈 것을 두려워하여 받침 아래에 지하실을 파고 그 속에 숨어 있다가 시내 친구 집에 피신하였다. 그러나 병들어 고통을 당하다가 아무래도 서울에서는 피신하기가 곤란하여 부여에 있는 친척집으로 피난하였다. 서울이 탈환되고 피난민이 속속 들어오게 되어 익창이도 퉁퉁 부은 발로 자전거를 타고 집으로 돌아왔다. 그때에 수입이 없어 생계가 곤란하였다. 익란이와 남대문 시장에 나가서 채소 장사를 하였으나 잘 되지 않아 중지하였다.

1950년 12월 25일. 패전하고 쫓겨 갔던 공산군이 중공의 응원을 얻어 다시 이남으로 진출하여 서울이 다시 위험하게 되었다. 정부에서도 피난을 권하였다. 어머니가 친척 아이들과 같이 집을 보시도록 하고 가족들이 영등포에서 화물차 지붕 위에 타고 오다가 중간 어떤 정거장에서 쉴 때 익란이가 소변 보려고 내려오다가 떨어져 기절하였다. 정거장 대합실까지 업고 가 의자에 뉘였더니 약 30분 만에 깨어났다.

부산역에 도착하여 갈 데는 없고 나 혼자 첫 번으로 신세를 졌던 초량교회로 찾아갔다. 역시 만원이라 들어갈 방이 없어 뜰에 홑이불을 둘러 자리를 만들고 며칠 동안 밖에서 생활하였다. 바람이 불 때는 먼지가 덮이고 추워서 곤란을 당하다가 간신히 유치원 방 한 모퉁이에 끼우게 되었다.

그때 나는 미군 물자를 나르는 부두 노동을 하였다. 일이 매우 힘들지는 않으나 육체노동을 하지 않던 나로서는 시간이 가지 않고 하루가 퍽 길었다. 그때 익창이도 하루 부두에 가서 드럼통을 굴리는 일을 하고 돈을 벌어서 내 앞에 내 놓았다. 매우 피곤한 얼굴이다. 나는 마음이 아팠다.

그때 내가 근무하던 우일사 사장이 부산으로 피난 와서 토건업을 시작하려고 그 전 사원을 소집하고 합숙소를 만들었다. 익란이 보고 식사를 좀 도와 달라고 하며 그 합숙소에 얼마동안 있다가 익란이는 상업은행에 취직하였으며 우리는 영도 절간 담과 절 사이에 공지가 있는 것을 발견하고 그것을 이용하여 지붕을 만들었다. 밑바닥은 가마니를 깔고 문도 가마니를 달아서 임시 거실을 만들었다.

익란이는 늑막염으로 은행을 그만 두었다. 그 당시 익창이는 입대(1951.01.27)하여 해군 1조가 되어 진해해군병원에 근무하게 되었다. 입대하려는 피난 가족과 작별하고 부산부두에서 배를 탈 때에 익창의 눈시울이 붉게 된 것을 볼 때와 훈련 중 면회 갔을 때 고생하며 모두 배고파하는 광경을 볼 때는 마음의 고통을 느꼈다. 그때 익창이와 같이 훈련을 받던 김영선 소위가 익창의 편지를 가지고 심부름을 왔다. 이때 익란이와 알게 되고 편지가로 몇 차례 왕래하다 결국 중매 약혼이 성립되었다.

1951년 11월 대전에 가 유하면서 교통부의 철도 용지도면을 한 장에 얼마씩 받기로 하고 시작하여 다음 해 5월까지 하였다.

1952년 3월 익풍이 영선국민학교 졸업하고 4월에 서대문중학교에 제 1학년 입학하다. 동월에 익성은 서울고등학교 제 3학년에 편입하다. 1952년 5월 익창이 서울대학교 의학부 제 1학년에 입학하였다. 1953년 7월 익창, 익성은 영선교회에서 세례를 받고 익풍은 학습을 받았다.
동년 8월 11일 서울에 복귀하다. 동년 11월 영암선 제 7공구 철도공사 기술주임으로 가다.

1953년 10월 15일 익란과 김영선 군의 결혼식을 종로예식장에서 거행하다.

1954년 11월 익풍이 세례를 받다. 1955년 4월 익풍 서울고등학교 제 1학년에, 익란은 서울미술대학 중등교원 양성소에 입학하다.

1955년 4월 19일, 김영선 부친의 소개로 부산 적기교회 교인 김영자 집사가 나와 결혼하기 위하여 상경하다.

1955년 11월 영월 제 10공구 철도공사 기술주임으로 출장하다.

1956년 3월 익창 서울의대 졸업하고 4월 16일에 의사고시에 합격하다.

1956년 6월 5일 익창이 미국 유학차 부산에서 해군공사 서해호 편으로 출항하다.

1956년 12월 1일 과천 저수지 설치공사 현장대인으로 가다.

1957년 3월 익성이 상대경제과 졸업하고, 익란이 서울미대 중등교원양성소를 졸업하다.

동년 4월 익란이 숭의여중 미술교사로 취임하다.

동년 9월 익성이 입대하여 논산 훈련소와 광주 포병 학교에서 훈련을 받다.

1958년 3월 익풍이 서울고등학교를 졸업하고 한양대 건축과에 입학하였다.

동년 4월 익창이 애리조나대학원을 졸업하다. 1959년 8월 28일 익성이 미국으로 출발. 일리노이대학원에 입학하였다.

1959년 10월 동해 북부선 제 4공구공사 기술주임으로 출장하다. 1960년 3월 익풍이 한양공대 건축과 2년 수료하다. 1960년 4월 19일 학생들이 부정선거를 항의하는 데모를 강화하자 이승만 정권은 물러났다.

1960년 5월 6일 익풍 입대하여ㅇ 가평통신대대에서 근무하다.
1960년 8월 30일 성북구 정릉동에 신우주택을 신축하고 이사하다.
1960년 6월 1일 익창이 애리조나대학원에서 심리학 박사를 획득하였는데 주 논문은 "임상 분해에 있어서의 더 게쉬탈드 심리 검사에 관한 연구"
1960년 7월 익창이 버펄로주립병원의 레지던트로 근무하다.

1961년 2월 5일 모친이 어젯밤부터 신경통으로 앓으시다가 밤중 연탄가스로 돌아가셨다. 86세를 일기로 세상을 떠나신 것이다. 어머니가 어제도 친구더러 오래 앓지 않고 죽기를 원하신다고 하였다는데 별 큰 고통 없이 돌아가신 것은 좋으나 일생을 그리 여유 있게 살아보시지 못하고 또 내가 효도를 못하여 드린 것이 후회스럽다.

1961년 2월 6일 오후 3시경에 눈을 떠보니 친척들이 둘러 서 있고 내가 병원에 누워 있는 것을 처음으로 알았다. 내가 어젯밤에 어머니와 아내와 한방에서 잔 것은 알지만 그 이후의 일은 전연 알지 못하겠다. 아내의 말을 들으면 아침에 자기는 자리에 대변을 모르는 사이에 배설하고 간신히 일어나 보니 어머니는 돌아가시고 나는 눈을 뜨고 있기에 빨리 일어나라고 말했으나 듣지 못하는 같아 흔들면서 깨워도 알지 못하였다고 한다. 그래서 뒷집에 사는 소설가 박경리 씨에게 연락하였더니 이내 택시를 불러 나를 자기 조카에게 업혀 차에 태우고 병원으로 보냈다. 아내는 병원에서 버스 요금을 꿔 익란에 연락하여 친척들이 왔다. 나는 오후 3시에 처음으로 정신이 들어 집으로 와서 어머니가 돌아가신 것을 처음으로 알았다. 나도 연탄가스를 먹고 15시간 이상을 혼수상태에 있었다. 나는 그 이후로 기억력이 나빠진 듯하다. 나의 생명의 은인인 박경리 씨를 잊지 않고 해마다 연말에 문안을 간다.

1961년 2월 7일 오후 1시에 한경직 목사의 주도로 어머니 장례식을 거행하고 영락교회 묘지에 안장하다.

2. 慶州 金氏 家係譜

김홍주(金弘主) → 김운택(金云澤) → 김이운(金利云) → 김인련(金仁鍊) → 김영호(金永浩, 친할아버지) → 김권직(金權稷, 아버지) → 김익창(金益昌, 본인) → 김성철(金聖喆, 장남)

家主: (慶州)金仁鍊(김인련) → (慶州)金永浩(김영호) → (父)(慶州)金權稷(김권직) → (本人)(慶州)金益昌(김익창, Luke Ikchang Kim)

婦人: (安東)張炳鍊(장병련) → (大邱)金永和(김영화) → (親母)(新安)朱雲鳳(주운봉) → (妻)(潭陽)田常玉(전상옥) (後母)(坡平)金英子(김영자)

(父)(慶州)金權稷(김권직): 음 1902. 12. 1.(양 1903.1.10) ~ 1995. 1. 28.(93세)

(親母)(新安)朱雲鳳(주운봉): ~ 1960. 8. 22.(북한에 의해 납치

당하신 날짜)

(後母)(坡平)金英子(김영자): 1907. 11. 11. ~ 1995. 5. 3.(83세)

1) 본인 (慶州)김익창(金益昌, Luke Ikchang Kim, 1930.)
　　처 (潭陽)전상옥(田常玉, Grace Sangok Kim, 1931.)

　장남 김성철(金聖喆, David Sungchul Kim, 1963.)
　　처 서쥴리(徐쥴리, Julie Suhr, 1962. 서재필 박사 후손)

　　큰손녀 Tessa Shin Hee Kim(김신희, 金信姬, 1994.)
　　큰손자 Troy Jaison Shin Young Kim(김신영, 金信英, 1996.)

　차남 김성우(金聖宇, Daniel Sungwoo Kim, 1965.)
　　처 이은경(李恩敬, Janet Lee)

　　손자 Jeffry Shin Duk Kim(김신덕, 金信德, 2000.)
　　손자 Luke Shin Woo Kim(김신우, 金信宇, 2003.)

2) 여동생 김익란(金益蘭, 1932.) -김영선(金永善, 1924.)

　　장녀 김귀원(金貴媛, 1955.) - 남편 이수영(李秀英, 1946)

손녀 이시내(李시내, 1981.)
　　　손녀 이시온(李시온, 1986.)
　　　손자 이시몬(李시몬, 1988.)

　　차녀 김미경(金美慶, 1957.)
　　장남 김철(金鐵, 1962.)

3) 남동생 김익성(金益成, Ike Kim, 1935.)
　　　처 전순봉(全順鳳, 1942)

　　장남 김성태(金聖泰, Alexander Sung Tae Kim, 1971.)
　　차남 김성주(金聖柱, Anthony Sung Joo Kim, 1972.)

4) 남동생 김익풍(金益豊, Paul Kim, 1939.) - 처 전경옥(田敬玉, Kay Kyungok Kim, 1948.)

　　장남 김성수(金聖秀, Edwin Sung Soo Kim, 1973.)
　　차녀 김성아(金聖娥, Shanon Sung Ah Kim, 1978.)

3. 新安 朱氏 家係譜

외할아버지 朱夏龍(1985. 3. 3. ~ 1942.) - 김낙경
    (1890.~ 1951. 1.)

1) 주운봉 - 사위 김권직

    김익창(본인), 김익란, 김익성, 김익풍

2) 주운성(주대벽) - 첫 며느리 이해룡
    주애선, 주봉릉, 주봉세, 주애실, 주봉경, 주봉우

    주운성(주대벽) - 둘째 며느리 차순령
    주 신, 주 연

3) 주운란 - 며느리 유정숙

    주봉덕, 주애나, 주능덕

4) 주운진